Ⓢ新潮新書

松井秀喜
MATSUI Hideki

不動心

JN265056

201

新潮社

不動心——目次

はじめに

シーズンオフになって帰国してから、もう何人の方に聞かれたでしょうか。「松井さん、骨折した左手首は大丈夫ですか」と。

僕は「ええ、大丈夫ですよ」と答えます。すると、相手の方は、骨折の痛みを想像するように顔をしかめ、「大変な年になってしまいましたね。頑張ってください」となぐさめてくれます。

色々な方に心配してもらえる僕は、幸せだと思います。手首の状態を心配してくれるファンの方々に、いつも心の中で御礼を言っています。そして、御礼の後には必ず「そんなに心配しないでください。僕は大丈夫ですよ」と付け加えています。

非常に大変な1年だったことは間違いありません。正直言って、手首の状態は完璧ではないし、これからのことを考えると不安にもなります。

しかし、難しいことを言うようですが、その苦しみやつらさこそが、生きている証ではないでしょうか。僕は、生きる力とは、成功を続ける力ではなく、失敗や困難を乗り越える力だと考えます。

一度のミスも、スランプもない野球選手などいるでしょうか。絶対にいません。プロ野球選手として成功してきた人々は、才能だけではなく、失敗を乗り越える力があるのだと思います。僕も、そんな力を身につけたいと考えています。どんな技術やパワーよりも、逆境に強い力を持った選手になりたいと願っています。

これまでの僕は、プロ野球選手として順風満帆でした。多少のスランプや怪我はありましたが、周囲の人や環境のお陰で、恵まれた選手生活を送ってきました。

今回の左手首の骨折は、これまで体験したことがないほどのアクシデントです。肉体的にも精神的にも、これを乗り越えられるかどうかが、今後の僕の選手生活を左右すると言ってもいいでしょう。

乗り越えてやろうと思っています。乗り越えてみせると、自分自身に誓っています。

そのためには、いま自分がすべきことは何なのかを正確に受け入れ、それを補う努力をしていくしかないと思っています。

今、世の中には暗いニュースが多くあります。シーズンが終わってアメリカから戻ると、いじめによる自殺が相次いでおり、心を痛めました。問題の解決は簡単ではありませんが、絶対に死んではいけません。どんな方法であるにせよ、何とか乗り越えてほしいと願います。

生きていくことと「悩み」は切っても切り離せません。仕事に悩み、受験に悩み、対人関係に悩み、容姿に悩み……いくらでも、悩みや苦しみは生まれてきます。

僕はプロ野球選手として、多くの人に勇気や希望を与えたいと願っています。悩み苦しんでいる人が、僕のプレーを見て勇気を持ってくれれば、これほど幸せなことはありません。選手にとっては、プレーこそがファンの方へのメッセージです。プレー以上のメッセージはありません。

その考えに変わりはありませんが、骨折してバットを振れない時期、ファンの皆さんから頂いた手紙やメールが、どれほど僕の励みになったか分かりません。言葉には大きな力があることを、痛感しました。そして、御礼の気持ちを表すべく、拙《つたな》いながら、僕も言葉を送りたいと考えました。

これまで、巨人にいた時も、ニューヨーク・ヤンキースに来てからも、毎日のようにメディアの方の取材に応えてきました。僕としては、彼らを通じて自分の状態をお伝えしていたつもりですが、いい子すぎてつまらない、などとも言われてきました。本音を言ってない、と思われているところもあるようです。

ならば、本当はどんなことを考えているのか。また、そう思われてしまうのはなぜなのか。本書では、そうしたところも素直にお伝えできたらと思っています。

2005年末に石川県の実家にオープンした「松井秀喜ベースボールミュージアム」に、僕はこんな言葉を掲げています。

〈日本海のような広く深い心と
白山《はくさん》のような強く動じない心
僕の原点はここにあります〉

「広く深い心」と「強く動じない心」――すなわち「不動心」を持った人間でありたいといつも思っています。

もちろん僕も人並みに悩みます。苦しみます。失敗します。けれども、そこで挫《くじ》けたり、逃げ出したりはしない。悩みや苦しみ、失敗や逆境をどう糧《かて》にしていくか。マイナスをどうプラスに変えていくか。いつもそんなことを考えています。

僕はあくまで一野球選手に過ぎません。人生経験も決して多いとはいえません。でも、アメリカで一人で戦いながら僕が摑《つか》んだものは、少しはお役に立てるのではないかとも思っています。

僕の考え方や気の持ち方、メンタルな部分での自己コントロール法を紹介することで、悩みを抱えている方が壁を乗り越えるためのヒントになれば、こんなに嬉しいことはありません。

第1章　5・11を乗り越えて

左手首に残る傷

2006年10月末。僕は愛車のハンドルを握り、ニューヨーク郊外へと車を走らせていました。アメリカでも車を運転していますが、シーズン中はマンハッタンの自宅とブロンクスのヤンキースタジアムを往復するだけ。とてもドライブを楽しむ時間はありません。見慣れない風景の中を走る時間は、シーズンオフの楽しみになっています。

ニューヨークは世界でも有数の大都市ですが、マンハッタンの中心から車で30分も走ると、ビル街を抜けて緑豊かな、のんびりとした雰囲気が漂ってきます。左右に広がるきれいな紅葉を横目にとらえながら、快適なドライブを楽しんでいました。

このドライブは、ニューヨーク・ヤンキースに移籍した2003年から、毎年の恒例行事です。シーズン中に様々な出来事があっても、ドライブをしているこの時間は、1年前、2年前と同じように流れていきます。

しかし、何もかもが同じではありません。時折、ハンドルを握る自分の左手が目に入ります。手首には、くっきりとした傷が残っています。2006年5月に、僕は左手首を骨折しました。生まれて初めての骨折でした。初めての手術も体験しました。

野球を始めてから今まで、平穏無事な1年などありません。毎年、色々と悩み、苦しみ、そして喜びながら成長してきました。しかし、2006年ほど波乱万丈の1年はありませんでした。

言葉も出ないほどの痛みに苦しみました。自宅のテレビで、チームメイトの試合を見ながら焦りも感じました。バットを振ることすらできない日を体験しました。厳しい練習のつらさや、試合で打てない苦しみとは、まったく質が違いました。

そんなとき、たくさんのファンの方々から色々なメッセージをもらいました。手紙や千羽鶴、メディアを通じてファックスやメールもたくさん頂きました。「頑張ってください」「早く戻って、またホームランを打ってください」。なかには「私もつらいリハビリに耐えています。松井さんも頑張って」と、自らの体験を基に励ましてくれるメッセージもありました。初めての大怪我に気落ちしそうになったとき、どれほど励まされたか分かりません。

　僕は野球選手として、多くの人々に勇気や希望を与えたいと願っています。それなのに逆に、ファンの方々から励ましてもらうばかりです。本来ならばメッセージをくださった全員に御礼を言いたい。しかし、それは無理なので、同じニューヨークに住む少年少女に感謝の気持ちを伝えようと、日本人学校を回ることにしました。今年のドライブは、学校回りです。

　どこの学校でも、子供達が元気に出迎えてくれました。大きな声で挨拶してもらうだけで、彼らのパワーが伝わってきます。「どうやったらホームランを打てますか」「来年はホームラン王を取ってください」――。御礼を言いにきたつもりが、また子供達に励まされて学校を去っていくことになります。

　2週間かけて6校を回り、計1625人の子供達と交流を持ちました。263・6マイル（424・2キロ）のドライブは、あらためて自分が幸せな立場に置かれていることを感じさせてくれました。

僕の活躍を楽しみにしてくれる人がいる。それがどれほど力になるか。

左手首の傷跡を見ながら、思いました。アクシデントは突然やってきますが、いつも僕を成長させてくれます。今回の骨折も、松井秀喜という未熟者を厳しく鍛えてくれました。

忘れられない日

米国時間2006年5月11日。

僕は、この日を一生忘れないでしょう。そう、ヤンキースタジアムでのボストン・レッドソックス戦で、スライディングキャッチを試みた際に、左手首を骨折してしまいました。

怪我はもう治っています。この年のシーズン終盤には試合に復帰でき、ホームランも打てました。医師からは「完治した」と明言されていますし、自分でも、ほぼ完治したとは思っています。同じ打球が飛んできたら、同じようなスライディングキャッチをする覚悟も持っています。しかし、意識の奥底にある恐怖心まで消し去れているかどうかは分かりません。

来季に向けたトレーニングをしながらも、時折、左手首を見つめます。骨折した箇所というのは、砕けた微量の骨の分だけ短くなるそうです。見た目には分かりませんが、体の中は以前と変わっているのだと思います。どんなに医学が発達したとしても、骨折する前とまったく同じ状態に戻ることはあり得ません。きっと、バッティングにも影響があるのでしょう。

でも、それを悲しいとは思いません。それを含めて、この左手首と付き合っていくつもりです。以前と同じように動かないのならば、工夫して、練習して、トレーニングをして、骨折する前よりすごいバッターになってやればいい。心の底から、そう思っています。

いつか現役を引退するとき、左手首を見つめて「おい、あのとき骨折してよかったよなあ」と語りかけてやりたい。そう言える日がくるかどうかは、これからの自分自身にかかっているわけです。間違っても、「あのとき骨折さえしなければ……」と振り返るような野球人生だけは送りたくありません。

「痛い」と言ってしまった

僕の野球人生で忘れられない日。リハビリ中も、あの日を思い返しました。何度も何度もあの日を振り返ってみましたが、「痛い」という記憶しか残っていません。

あのシーンまでは「日常」でした。いつものようにマンハッタンの自宅を出て、車を運転してハイウェーを走り、ブロンクスにあるヤンキースタジアムに到着しました。球場でも、いつものようにストレッチをして、トレーニングをして、練習をして試合に臨みました。

宿命のライバルといわれるレッドソックスとの試合は、本拠地ニューヨークでも敵地ボストンでも、独特の雰囲気が漂います。ミスの許されないようなピリピリした緊張感があふれています。そんな中でプレーできる喜びを感じながら、プレーボールを迎えました。少し雨が降る日でした。

1回表、ノーアウトで走者一塁という場面です。レッドソックスのマーク・ロレッタの打球が、僕が守るレフトの前方に飛んできました。少し詰まった当たりだったので、走っているだけでは間に合わないと判断し、前進しながらスライディングをしました。捕れる。そう思った直後に、グラブが体についてこない感触を味わいました。グラウンドの土の中に入ってしまった感じです。あとでこのシーンをビデオで見ると、左手首がグニャッとあり得ない方向に曲がっています。何度、ビデオを見ても「痛え！」と声が出てしまう。

実際、僕は何度も「痛い」と言ったそうです。あまり覚えていないのですが、広岡勲広報や、ロへリオ・カーロン通訳が振り返るには、ベンチに戻ってからも、救急車に乗ってからも「痛い」と言い続けていたそうです。病院で医師に「どんな痛みだ」と聞かれたときには「今までに感じたことがない痛みだ」と答えています。

それまでにも、色々な怪我を体験してきました。巨人時代に痛めた膝は、今も時々痛みます。腰を痛めたこともあるし、捻挫をしたこともあります。しかし、どんなときでも、「どうだ？」と聞かれたら「大丈夫です」と答えてきました。

本当に大丈夫だと思ったこともありますが、ちょっと無理かなと思うときでも、必ず

「大丈夫です」と答えるようにしていました。もちろん、トレーナーや医師には痛む箇所や状態を詳しく説明しますが、なるべく弱気な言葉は口にしないように心掛けていました。チームメイトや記者の方々には、絶対に「大丈夫。大したことない」と言っていたと思います。

実際はほんの少し痛むだけでも、一度「痛い」という言葉を口にしてしまったら、どんどん痛く感じるようになるものです。もちろん、口で何と言おうと怪我の状態が変わるわけではありませんが、弱い自分が出てきてしまう気がします。

だから、まず「大丈夫。大したことない」と口に出し、自分自身に言い聞かせていたのです。このセリフを聞いて、「松井は強い」と思ってくれた人がいるかもしれません。でも、むしろ弱いんです。弱い自分と必死に戦っているからこそ口にしていた言葉なのです。

ところが、今回の骨折のときばかりは、そんな心掛けなど思い起こす余裕はありませんでした。痛くて痛くて、今思うと非常に大げさですが、このまま死んでしまうんじゃないかと真剣に思うぐらい、痛くて仕方ありませんでした。

しかも、救急車の運転が乱暴で痛みが増してきました。きっと運転手は、一刻も早く病院に連れて行ってやろうと気合を入れて運転してくれていたのでしょうが、そんな気遣いすら感じ取れませんでした。とにかく「痛い」という思いだけでした。

引き裂かれたユニフォーム

いや、「痛い」以外にも、一瞬だけ別のことを考えたのを覚えています。医師が治療をする際に、ユニフォームをハサミで切りました。試合中に病院へ運ばれたわけですから、まだピンストライプのユニフォームを着ていました。少年時代からあこがれていたヤンキースのユニフォームです。あのベーブ・ルースやルー・ゲーリッグやジョー・ディマジオ……大勢の名選手たちが袖を通し、栄光を築き上げてきたユニフォームです。

そのユニフォームが、ハサミでジョキジョキと切り裂かれました。そのとき、僕は「おい、オレの大事なユニフォームに何するんだ！」と思ったんです。幸い口には出さなかったのですが、本気で「やめろ～！」と叫びそうになりました。

考えてみれば、医師とすれば当然の行為です。手首を痛めた患者の服を脱がせるわけにはいかないのですから、迅速に治療するために服を切る。もし「やめろ」と叫んでいたら、医師の方に大変な失礼をするところでした。

しかし、一方で自分を見直しました。痛くてほかに何も考えられなくなっている状態で、ピンストライプのユニフォームを守ろうとしたのです。ヤンキースに入団して4年目。僕にも「ヤンキース魂」が宿ってきたのでしょうか。まだまだ偉大な諸先輩の足下にも及びませんが、ピンストライプのユニフォームを着る一人として、ヤンキースの一員である誇りは常に持っていたいと思っています。大変な思いをしたこの日の中で、唯一うれしかったことかもしれません。

僕は、ヤンキースというチームに所属していることを誇りに思っています。ヤンキースだけではありません。石川県根上町《ねあがりまち》（現能美《のみ》市）の少年野球チーム、根上中学、星稜高校、巨人軍。これまで自分が所属してきたチームを誇りに思ってきたつもりです。

所属チームに対する「誇り」は、野球に対するモチベーションを保つ上で、非常に重要な要素ではないかと思います。めげそうになったとき、気持ちが腐ってしまいそうになったとき、「オレはヤンキースの一員なんだ。ヤンキースの一員にふさわしい態度で臨もう」と気持ちを奮い立たせることができます。

ヤンキースタジアムのクラブハウスからグラウンドへ向かう通路に、伝説の名選手、ジョー・ディマジオの言葉が書かれています。

I want to thank the Good Lord for making me a Yankee.　Joe DiMaggio

ヤンキースの一員になれた幸運を神に感謝したい。　ジョー・ディマジオ

ディマジオは56試合連続安打という不滅の記録を持っている名選手で、走攻守にわたって素晴らしいプレーヤーでした。しかし、それだけではありません。グラウンドを離れた部分でも、紳士的な振る舞いで人々の尊敬を集めた選手と聞いています。僕の恩師、長嶋茂雄氏（読売ジャイアンツ終身名誉監督）もディマジオに心酔していたそうです。

そのディマジオも「ヤンキースの一員」であることを誇りとし、その誇りが彼を支えていたのでしょう。選手としてディマジオの域には、まだまだ遠く及びません。しかし、

その心境は少しばかり分かるような気がしています。

会社勤めをしている友人と話していても、自分の仕事や会社に誇りを持っている人と、そうでない人がいます。一概には言えないでしょうが、誇りを持っている人の方が素晴らしい仕事をするような気がします。それは会社に依存する、独立心がないという意識とは違うと思います。それを守るために必死に戦える。それが誇りだと思います。

また、誇りを持つ人が多い組織ほど、ここぞという場面で強いような気がします。ヤンキースには、ヤンキースの一員であることに誇りを持っている選手が多い。選手だけではなく、監督、コーチ、フロント職員、ボールボーイも含めて、「ヤンキース」に誇りを抱いています。それがヤンキースの伝統、強さにつながっているのだと思います。

もちろん僕も、ヤンキースの誇りを持って生きています。そしてこれは、自分を支える財産にもなっています。

謝罪と感謝の理由

手術を終えて2時間ほどすると、少しずつ意識が戻ってきました。ずっと付き添ってくれていた広岡広報から言われました。

「松井の初めての大きな怪我で、ファンは心配していると思う。手術が終わった直後だけども、ファンに向けてコメントを出そう」

僕は、まだ麻酔が残る頭で言葉を考え、口にしました。

「怪我をしたことについては残念だし、チームメイトに迷惑を掛けて申し訳ない。また元気にグラウンドに立てるように頑張っていきます。連続試合出場に向けて、毎試合、起用していただいたことに関しては、トーリ監督にとても感謝しています」

退院後にヤンキースタジアムで記者会見を開いたとき、アメリカの記者の方々に「何で謝ったんだ」と質問されました。「チームのために試合で戦って、アウトにしようと思ってスライディングキャッチをして骨折した。チームから感謝されても、マツイが謝る必要はない」というわけです。日本の報道陣はそれほど不思議に思わなかったようですが、アメリカ人には意外に思えたようです。

でも、僕にとっては素直に出てきた言葉でした。同じ外野手のゲーリー・シェフィールド選手が怪我で故障者リスト（ＤＬ）に入っていました。日本のプロ野球もそうですが、半年にわたる長丁場の戦いは、チームの実力だけでなく、故障者の有無によって大きく左右されます。優勝候補と目されたチームでも、主力選手に怪我が多ければ、実力を発揮できずに敗れてしまいます。逆に選手層は薄くても、その選手たちが怪我なく過ごせれば、優勝できる可能性もあります。ですから、怪我がもっともチームに迷惑をかけてしまうと思っていました。

また、ジョー・トーリ監督には非常に感謝の念がありました。日本では主力選手がフル出場するのは当然という雰囲気があります。しかし、大リーグでは162試合も戦うため、主力選手であっても時折スタメンから外れます。疲労が蓄積されれば、体の切れが悪くなり、プレーに悪影響を及ぼす可能性があります。また、気分的にもリフレッシュして、怪我を未然に防ぐという目的もあります。

トーリ監督もそうした方針を採っており、たとえ、だれもが認めるチームリーダーのデレク・ジーター選手であっても、必要とあれば試合を休ませてきました。

そうした方針にもかかわらず、僕は入団した2003年から全試合に起用してもらっていました。僕が連続試合出場にこだわっていることを知り、「ヒデキ自身が、休むよりも出ていた方がリフレッシュできるならば」と言って、配慮してくれていたのです。スタメンから外れることはありましたが、必ず途中出場させてくれました。非常にありがたく感じると同時に、トーリ監督に余計な気遣いをさせているな、という気持ちもありました。

骨折により連続試合出場は１７６８試合で途切れ、非常に残念という気持ちはありました。しかし、それよりも配慮してくださったトーリ監督への感謝の念を強く感じていました。これからは、他の選手と同じように監督から「ヒデキ、今日は休め」と休養指令を出されたら、素直に従うつもりです。

今までもチームの勝利を第一に考えてきましたが、これまで以上に「チーム」というものを強く意識してプレーしたいと思いました。

ファンの方々へのコメントで、チームメイトへの謝罪とトーリ監督への感謝を口にしたのは、そんな理由からでした。

連続試合出場への思い

今になって思えば、僕の心の中には常に「いつか、こんな日がくるのではないだろうか」という気持ちがあったような気がします。

巨人で新人だった1993年の8月から、1試合も休むことなく試合に出場し続けてきました。しかし、最初から連続試合出場を目標にしていたわけではありません。

新人の頃は確実なレギュラーメンバーではありませんから、それこそ起用してもらうことに必死でした。若いから疲れなんか感じませんでしたし、たとえ少々疲れたと思っても、体は自然に動きました。休みたい、なんて考えたこともなかったのです。

そもそも日本では、怪我もしていないのにレギュラーが休養を取るという発想がありません。最近では日本球界にも外国人監督が増えて、そうした方針を採るチームも出てきたと聞きますが、長嶋監督からも「巨人の主力選手は、すべての試合に出場してお客さんを喜ばせるべきだ」と指導されていました。

確かに、そう思います。選手にとっては162試合のうちの1試合であっても、球場を訪れるファンの方にとっては、1年に1回の機会かもしれません。生まれて初めて球場に来た子供もいるかもしれません。僕もプロ野球チームのない地方に住んでいましたから、野球観戦は一大イベントでした。父に大阪まで連れて行ってもらい、甲子園で、大好きだった阪神の試合を見ました。雨で流れてしまったり、お目当ての選手が欠場していたらガッカリします。僕が試合に出場し続けていた理由の一つに、「ファンの方々のため」という気持ちがあることは間違いありません。

でも、根本にあるのは、もっと単純なことです。例えば仲間と集まり野球をして遊ぶとき、打席を取り合ったことはないでしょうか。そんな気持ちが、野球が職業となった今でも心の奥底に残っています。野球選手は皆そうではないでしょうか。試合に出たくない選手はいません。可能であれば、すべての試合に出たい。連続試合出場の根本には、そういう気持ちがありました。

連続試合出場というものを初めて意識したのは、1999年でした。その年の7月のオールスター戦の最中、僕は風邪のために熱を出してしまったのです。倉敷で行われた第3戦の日には熱が38・6度まで上がってしまい、スタメンから外してもらいました。

しかし、1打席ぐらいならばと思い、8回に代打で出場すると、そこで右のわき腹を痛めてしまった。後半戦の開始までに3日ほどありましたが、痛みは引きません。自分の記録はともかく、巨人はスタートダッシュに失敗して上位チームを追撃しようと一丸になっている時でした。ギリギリまで痛み止めの注射を打ってでも出場しようと思っていましたし、首脳陣も、一度はスタメンに僕の名前を書いてくれました。

しかし、試合前、打撃練習をしてみると、どうしても無理だと分かりました。「チームのために」と思って出場しても、これではチームにとってマイナスになってしまいます。このとき781試合連続出場、574試合フルイニング出場の記録を更新中でしたが、自分で無理と判断したので、記録が途切れることに何らこだわりはありませんでした。また治ってから頑張って出場すればいい、と思っていました。

しかし、長嶋監督は「ここまでだって、そう簡単にできるものじゃない。後悔しないように、やれるところまでやってみろ」と言い、それから数試合、代打や守備固めで起用してくれました。

複雑な気持ちはしました。僕のことを考えてくれる監督の気持ちがうれしい反面、試合に負けてしまったら、敗因の一つになってしまいます。連続試合出場とは、あくまで結果であり、それ自体を目標とするものではありません。チームのマイナスとなってまで続けていいものか、という心配がありました。

ただ、長嶋監督のお陰で記録が続きました。

「やれるところまでやってみろ」

この言葉で考え方が変わりました。このときまでは、無我夢中でプレーしてきた結果が連続試合出場の記録につながっていたのが、この時からは、やれるところまでやってみよう、そう考えるようになったのです。

連続試合数が増えていくにつれ、自分よりも周囲に、この記録が続くことを期待してくれる人が増えてきました。そういう人々の期待に応えたいという思いも生まれてきました。これも、いい緊張感になりました。明日も、明後日も、明々後日も試合があり、すべて出場するんだという思いが、自分を律して支えてくれたことは間違いありません。

日本で1250試合、大リーグで518試合。記録が止まったのは、今でも非常に残念に思います。でも、それほど落胆はしませんでした。それは「やるだけのことはやった」と思えたからではないでしょうか。あのとき「やってみろ」と言ってくれた長嶋監督も、きっと納得してくれたように思います。

長嶋監督からの電話

ここまで前向きであることばかり強調してきましたが、人間そう簡単にはいきません。正直に言います。やはり、骨折はショックな出来事でした。しばらくはクヨクヨしていました。

必死になって前向きな気持ちに切り替えたつもりでも、何時間かすると、やはり「あーあ、やっちゃったな」「しばらく試合に出られないな」と落胆する思いが湧いてきてしまいます。

そんな弱い自分を完全に吹き飛ばしてくれたのは、1本の電話でした。

病室にいるとき、広岡広報の携帯電話が鳴りました。相手はすぐに分かりました。少し離れている僕の耳にも、明るい甲高《かんだか》い声が、もれ聞こえてきたからです。

監督……長嶋茂雄さんでした。広岡広報から電話を奪うようにして、すぐに電話を替わってもらいました。

トーリ監督と同じように、僕の連続試合出場をアシストして下さった方です。怪我と手術で混乱していましたが、むしろ僕の方から連絡しなければならない人でした。

「監督のお陰で、ここまで記録を伸ばすことができました。ありがとうございました」

御礼を述べると、長嶋さんは熱っぽい口調で語りかけてくれました。

「松井、これから大変だけどな。リハビリは嘘をつかないぞ。頑張るんだぞ。いいな、松井」

怪我して残念とか、スライディングしなければよかったとか、長嶋さんは過去を振り返るような言葉を、一切口にしませんでした。常に先のことを話します。ときに、周囲の人に愚痴を言うことはあるそうですが、僕は前向きな長嶋さんしか見たことがありません。皆さんも知っているあの明るい声に、何度励まされ、勇気をもらったか分かりません。この時もそうでした。

長嶋さんは、２００４年に脳梗塞になってしまいました。日本中に元気を与え続けていた長嶋さんが、まさか病気になるなんて、とても信じられませんでした。僕が骨折ぐらいで、こんなに気落ちしたのです。長嶋さんも、きっと落胆されたことと思います。

しかし、かなり回復されました。病後、初めてお会いしたときは言葉もうまく出てこないようでしたが、今ではユーモアあふれる口調が戻っています。

周囲の方々からは、決して楽な道ではなかったと聞いています。厳しいリハビリを休むことなく続け、必死に病気と闘っておられたそうです。監督はどのように気持ちを切り替え、どのように気持ちを奮い立たせたのでしょうか。

「リハビリは嘘をつかないぞ」。この言葉を聞いて、僕の気持ちは奮い立ちました。これほど説得力のある言葉はありません。

もし、骨折にクヨクヨしている僕を見たら、監督は何と言うでしょうか。きっと、「おい松井、お前はその程度の男だったのか!」と激しく叱るでしょう。それだけはごめんです。この電話を境に、僕の頭の中は「さて、どうリハビリをしようか」という考えでいっぱいになりました。

「何もしない」のが治療

リハビリよりも先に直面した困難は、「何もしない」ことでした。手首以外は完璧に正常なのだからトレーニングをすればいい、と思うでしょう。僕も、エアロバイクに乗ったり、ランニングをするぐらいはできるものと考えていました。しかし、医師から厳命されたのは完全な運動禁止でした。動いてしまうと、振動で骨が固まらないというのです。

仕方がありません。怪我からの復帰で一番避けたいのは、第2ステップに進んだ後に第1ステップに戻らなければいけない事態です。よく「休む勇気」といいますが、我慢も必要と考えて何もしませんでした。筋肉が固まるのがいやなので、肩を回したり、指を動かしたりする程度はやりましたが、その他には本当に何もしませんでした。

といっても、日常生活でも左腕がまったく使えないわけです。腕を骨折した経験を持つ人は、その不便さが分かるでしょう。普通に生活するだけでも一苦労で、休んでいるといった雰囲気はありませんでした。

一番苦労したのはシャワーです。日本のお風呂にあるシャワーは、大抵、取り外しができますよね。シャワーを手に取って、お湯を浴びたいところに当てられます。しかし、アメリカでは、ほとんど壁に固定されているタイプのシャワーです。僕の自宅マンションも、そのタイプでした。これだと、両手が自由の時でも、うまく洗えません。ピンポイントで目標にお湯を当てられず、バスルームで身もだえしてしまいます。左手が使えないと、さらに困難を極めました。右手だけでは背中をうまく洗えず、苦労しました。

何もしない生活が、これほど大変だとは思いませんでした。体を休ませるオフでも、まったく運動をしないという時期はありません。それこそ、小学生で野球を始めてから経験のない時間で、最初は変な感じでした。

自宅でテレビをつけると、チームメイトが映っている。試合をしています。悔しいとか、焦るとか、そういう意識の前に「何か不思議だな」と、まず思いました。

しかし、人間慣れてしまうものです。DVDで映画を見たり、本を読んだりしました。DVDでは、両親が差し入れてくれた『皇帝ペンギン』がおもしろかったです。夢中で見ていたら、広岡広報が部屋に入ってきたのにも気付かなかったぐらいです。

本もたくさん差し入れてもらいました。流行の本だけでなく、文学作品も頂いて読みました。夏目漱石『こころ』、川端康成『雪国』、三島由紀夫『金閣寺』、中上健次『枯木灘』。なかなか、こういう本に手を伸ばす機会はありません。本の虫になっていた時期もありました。

テレビを見てヤンキースの応援もしていました。あの頃、僕は世界中で一番ヤンキースを応援していたのではないでしょうか。

本を読んで、映画を見て、ヤンキースを応援して。「何もしない」生活にどっぷりと浸かってみました。リハビリは本当に難しいと思います。無我夢中で頑張るだけではなく、休むべき時は休まなければいけません。バットを振ってみたいという欲望にかられるときもありましたが、じっと我慢しました。

僕は、こんな風に考えました。

ジャンプをする前には、体を縮めます。そうした準備行動をしなければ、決して高く飛び上がることはできません。「今は、体を縮めてジャンプの準備をしているんだ」と自分に言い聞かせ、我慢の生活を、できるだけ明るい気持ちで過ごしました。

打撃フォーム改造秘話

骨折をしてから一カ月ほど経ち、いよいよ練習を開始するとき、ある計画を胸に抱いていました。休養で少しなまっているとはいえ、体ができあがっているシーズン中にじっくりと打撃練習ができる時間など、これまでありませんでした。

基本的に、シーズン中に打撃フォームを変えることはないのです。ちょっとした工夫はしますが、結果が出ないからといってコロコロとフォームを変えていては、キリがなくなります。「これではない」「あれでもダメ」とやって、結局一周して元に戻るようでは困ります。

その分、シーズンオフに試行錯誤をしながら手を入れていきますが、試合から遠ざかっているので、ちょっとした感覚のズレが出てしまいます。もちろん野球選手ならば誰でも同じ条件ですし、大きな問題だとは思っていません。しかし、手首の骨折というアクシデントが原因とはいえ、結果的に、シーズン中に打撃改造をするチャンスを得ました。この機会を逃す手はありません。

バットを持てない時期から、少しずつ具体的な内容を考えていました。逆方向、つまり左打者の僕にとってはレフトの方向へ打球を飛ばせるかどうかが、重要なポイントになります。大リーグは外角にストライクゾーンが広く、またムービングボールといって、速球なのに微妙に動く球種が主流です。そのような外角球を確実に捕らえてヒットにするためには、レフト方向に強い打球を打たなければなりません。

そこで今回は、少しガニ股ぎみに構えることにしました（P12の写真がそれです）。体が開いてしまうことなく、外角のボールを強く叩くのに適したフォームだと考えたのです。自分の中では「腹でボールを打つ」という感じをイメージしました。

骨折する前の状態に「戻そう」とするリハビリや練習では、息苦しく感じてしまうかもしれません。しかし、「さらに進化しよう」と思えば、つらい道のりも少しは楽しく感じられます。今回のフォーム改造は、モチベーションを保つ意味でも、非常に大きな役割を果たしてくれました。

野球選手になってよかった

復帰までには、予想よりも時間がかかりました。折れた骨が接着しても、靭帯《じんたい》の痛みがなかなか引かなかったからです。マイナーリーグの試合にも出ました。

大リーガーを夢見る若手選手は、技術が未熟であっても、非常にハツラツとしています。僕は日本のプロ野球から移籍したこともあって、マイナーリーグを経験していませんでした。ほんの数試合でしたが、未来の大リーガーたちと一緒にプレーした経験も、非常に貴重なものでした。

骨折してから125日。9月12日に、ようやくヤンキースタジアムに戻れました。打順は8番、守備につかない指名打者でスタメン出場。長期間、試合から離れていたので不安はありました。「まだ早かったのではないか」「やり残したことがあったのではないか」という思いも、脳裏をよぎりました。

しかし、ピンストライプのユニフォームに着替え、ヤンキースタジアムのグラウンドに出て行ったら、不安は消えていきました。これもヤンキースの選手としての誇りでしょうか。出るからには言い訳はできない。そう思ったら、すんなり試合の雰囲気に飛び込んで行けました。

打席は初回に回ってきました。8番だからまだかと思っていたのですが、ヤンキースは初回から猛攻を見せて、あっという間に出番です。1死一、三塁の場面でした。アナウンスで「マツイ」とコールされると、期せずして5万2265人の観客から大歓声を受けました。立ち上がって拍手を送ってくれます。観客が選手を称えるスタンディングオベーションという儀式です。予期していなかったので、とても驚きました。

これまでも何度かスタンディングオベーションをしてもらっています。しかし、それは満塁ホームランを打ったとき、勝ち越し打を打ったときなど、プレーを称えてもらったものでした。この時の僕は、まだ何もしていません。

ただ、グラウンドに戻ってきただけでした。つまり、観客は松井秀喜という選手がチームに戻ったことを称えてくれたわけです。ニューヨークのファンに存在を認めてもらったようで、最高の気分でした。

幸いにも、復帰戦は4安打を放ってチームの勝利に貢献できました。ホッとしたことは間違いありません。しかし、何よりうれしかったのは日常が戻ってきたことです。球場に来て、野球をして、自宅へ帰る。これが僕の生活だと、あらためて感じました。

何もしない生活も楽しみました。マイナーリーグでプレーする経験も貴重でした。しかし、それは僕にとって本当の生活ではありません。試合に出ていれば、打てずに思い悩む日もあります。苦しむ日もあります。幸い打てたとしても、翌日打てるとは限りません。不安の日々です。でも、それが僕の日常なのです。

他の悩み、苦しみならばともかく、野球のことなのです。僕は野球が好きだからこそ、日々野球のことを考えて過ごす道を選びました。それが僕の日常です。ようやく戻ってきた日常が、これほど幸せなものだったのだと、あらためて感じました。

野球選手になってよかった。大リーグに来てよかった。ヤンキースタジアムの大歓声を受けながら、何度もそう思いました。

そして、いつか「骨折してよかった」と言える日を目指して、これからの野球人生を進んでいきたいと考えています。

第2章　コントロールできること、できないこと

巨人時代の経験が生きた

骨折という大きな怪我をしても絶望しなかったのは、巨人時代の経験があったからだと思います。

巨人に在籍していた１９９８年の春季キャンプで、左膝を痛めてしまいました。慌てて検査をすると「棚傷害」「軟骨破損」と診断されて、手術も検討したほどでした。春季キャンプが行われている宮崎県と東京の病院を何度も往復して、治療を試みました。しかし、状態は一進一退。なかなか光明は見えず、開幕が近づいてくるにつれ、焦り、イライラする日々が過ぎていきました。

野球選手にとって、膝は非常に重要です。何しろ「走る」というすべての基本となる

運動にかかわってきます。さらに、この年は、何としても「雪辱」を果たそうと、強い決意で臨んでいました。

前年の1997年、チームは優勝を逃し、また個人としても96、97年と2年連続で、1本差でホームラン王を逃していました。優勝奪還、そして初タイトルという目標に向けて張り切っていた矢先のアクシデントです。

痛めたときは、正直ショックでした。もっと色々な予防をしておけばよかったと悔やむ気持ちもありましたし、故障に対する恐怖心もありました。もうホームランは打てないかもしれない。弱気になって悩んだ日々を思い出します。

実際、僕は母に「もうダメかもしれない」と言っていたようです。よく覚えていないのですが、後日談として母が新聞記者に語っていました。

こうした気持ちが湧き起こってしまうのは、仕方がないと思います。今考えても、この時の自分が特別に弱かったとは思いません。しかし、大切なのは、どう気持ちを切り替えるかです。

僕は困難に直面したとき「今、自分にできることは何か」と自問します。悔やみ、落ち込むしかないのでしょうか。多くの場合、そんなことはありません。きっと、前へ進める選択肢があるはずです。

これは、野球やスポーツに限った話ではないと思います。仕事で失敗したとき、例えば単純なところで大事な仕事の日に寝坊してしまったとします。失敗の中でも最悪の部類に入りますよね。僕も経験がありますが、起きて時計を見たときの絶望感といったらありません。

しかし、そんな最悪の状況でも、できることはあるはずです。「タクシーを呼ぶ」「先方に電話して時間をずらしてもらう」「代役を依頼する」。状況に応じて、どの道がベストかを選択できます。

失敗しないことが一番です。でも、不幸にも失敗してしまったときは、その状況下でベストな選択を考えるしかありません。悔やむのは、いつでもできます。

膝を痛めた時の僕にとって、選択肢は「手術」か「周囲の筋肉などを鍛える」かでした。両方のメリット、デメリットを検討して、どちらにするか考えました。

もちろん、何を考えても不安や恐怖が消えるわけではありません。しかし、思い悩んでいる状態から一歩前進することができます。膝を痛めてしまったという「過去」から、「未来」へ切り替えるわけです。

この時は、手術をしても完全に治るわけではないと聞きました。色々な人の助言を受けて、手術というリスクを避け、周囲の筋肉などを鍛えて痛みを取ることになりました。つまり、この怪我と付き合っていく覚悟を固めました。

野球選手ならば、だれでも「持病」といわれる怪我の一つや二つは抱えています。だからこそ体を大事にし、節制し、鍛えて試合に臨んでいます。この時まで、僕は大きな故障なくやってこられましたが、ついに選手生命を通じて付き合うであろう「持病」と知り合ってしまったのです。

付き合う覚悟を固めたとき、身が引き締まるような緊張感を覚えました。自分がどこまで現役選手としてやっていけるかは、この持病といかに付き合っていくかにかかっているわけです。

しかし、不思議なものです。この覚悟が、初タイトルに導いてくれました。2年連続1本差でホームラン王を逃していた僕が、この年、初めてホームラン王と打点王の二冠を獲得できたのです。

「まごわやさしい」の食事法

膝の怪我と付き合っていくには、外的な治療やトレーニングだけでは足りません。体の中も鍛えて、怪我に強い体を作り上げなければなりません。そのためには食事が重要だと考えました。「今、自分にできること」の一つです。

膝を痛める前から、決して暴飲暴食はしていませんでした。しかし、やはり好きなものを好きなだけ食べるという傾向がありました。

膝を痛めた1998年のシーズン中は、よく母が上京して食事を作ってくれました。電子レンジで温めればすぐに食べられるよう、作り置きをしておいてくれるのです。作ってくれるだけではなく、栄養の指導もしてくれました。

当時、母が残してくれたメモを紹介しましょう。

秀さん、ご苦労様です。朝食はしっかり食べてくださいね。ごはんは明後日の昼まで食べられます。冷凍の焼きおにぎりも利用してください。納豆、オリーブ油、おから、らっきょう、こんぶ、のり、ごま、バナナ、ヨーグルト、酒粕、養命酒、シーチキン、卵は毎朝摂ってください。味噌汁は塩分が多く、血圧によくないので、飲むのはたまにしてください。塩分、甘いもの、脂分の多い物は血圧によくないので控えてください（刺身、魚、野菜を多く）。

体重計は「4」を押して、「0、0」になってから乗ってください。乾燥機に入っている洗濯物は乾いていると思います。洗濯機の中にあるのは、あと乾燥するだけです。時間が足りなくて最後までできませんでした。4月16日はお母さん一人で行きます。次はお父さんと二人で行きます（予定は4月24日か25日）。医療用のイス（1時間）と膝の温め（30分）は毎日してください。　母より

このメモは冷蔵庫に張って、時折ながめていました。すべて守れたわけではありませんが、メモの指針に従って、食事には気を付けるようになりました。

皆さんは「まごわやさしい」というキーワードを知っていますか。体に必要な栄養素

を摂取するためのキーワードで、バランスよく食事するための目安です。「ま」は豆類、「ご」はゴマやナッツ類、「わ」はわかめ、昆布などの海藻類、「や」は野菜、「さ」は魚類、「し」はシイタケなどのキノコ類、「い」はいも。これらの食べものを、毎日摂るようにするのです。

こうした知識を持っているだけで、同じ外食をするのでもまったく違ってきます。今日は魚を食べていないから、夜は和食店に行こうとか、野菜を食べていないから気をつけないと、などと考えられます。

膝を痛めたのは23歳の時でした。この経験をしないまま、好きなものだけを食べて30歳を迎えていたら、僕の体はもっと弱かったかもしれません。怪我のお陰で学んだことと言っていいでしょう。

「人間万事塞翁が馬」

また、自分は決して一人ではないということも、怪我が教えてくれました。この年、父は何度もファックスに激励の言葉、そして時に厳しい叱咤の言葉を書いて送ってくれました。母は忙しいのに、飛行機に乗って、よく東京にきて食事を作ってくれました。トレーナーや医師の方々は、僕の膝を自分の体のように心配して、様々な治療を施してくれました。長嶋監督、コーチ、チームメイトには激励してもらいました。友人からの電話に、どれほど心が安らいだか分かりません。

それまでも感謝の念は抱いているつもりでした。でも、怪我という苦しい状況に追い込まれなければ気付かなかった思いがたくさんありました。

膝の故障は野球選手にとって、決して喜ばしいことではありません。しかし、僕はこう考えるようにしています。あのときの自分にとって、必要な怪我だったのではないだろうか、と。非常に都合のいい考え方なのかもしれませんが、神様が「もっと体に気を付けなければダメだぞ」「もっと周囲の人に感謝しなさい」と、僕にメッセージを送ってくれたと思います。

父が送ってくれるファックスには、よく「人間万事塞翁《さいおう》が馬」という故事が出てきました。福と思われる出来事が災いを呼び、災いと思われる出来事が福を呼ぶこともある。つまり、人間にとって何が幸いで何が災いか、表面的な現象だけでは分からない、という意味があります。

左膝の痛みには、今でも時折悩まされます。正直言って「この痛みさえなければ」と嘆きたくなる日も少なくありません。しかし、膝を痛めた経験が様々なことを教えてくれました。単純計算するものではありませんが、差し引きすればマイナスよりもプラスが多かったでしょう。

思い通りに事が進まないと、ガッカリします。イライラします。落ち込んでしまうこともあります。しかし、何が幸いで何が災いか、そう簡単には分かりません。

報道陣の方に「怪我から学んだことはありますか?」と質問されると、僕はいつも「何もありません」と答えていました。でもきっと、今回の骨折からも色々と学ぶのだと思います。

僕の左手首は、医学上は完治しても、野球選手として元通りにはならないでしょう。しかし、元に戻らないならばトレーニングや打撃フォームを工夫して進化すればいいのです。いつか「骨折してよかった」と言える日を思い描いて、頑張っていくつもりです。人間万事塞翁が馬。そう信じれば、決して絶望する必要はありません。

もしも希望通りに阪神へ入団していたら

人間万事塞翁が馬——。

過去を振り返ってみると、そう思える出来事はたくさんあります。

僕は野球を始めた頃、右打ちでした。鉛筆を持つのも右、箸を持つのも右、ボールを投げるのも右。当然、右打席で打っていました。

ある時、野球で遊んでもらっていた兄や兄の友人が、「秀喜、左で打ってみろよ」と勧めてきました。今思えば、きっとからかっていただけなのでしょう。年下のくせに、ちょっと打てるからといって生意気だったので、打たせないようイジワルをしたのかもしれません。

しかし、憧れていた阪神の掛布雅之選手も左打ちなのです。僕にとっては、かなり大きな〝アドバイス〟になったわけです。そこからどうして左に定着したかは記憶が定かでありませんが、とにかく左打ちになりました。

もしも右打ちのままで野球を続けていたら、と想像するのは無意味でしょう。もしかすると、大リーグでもホームラン王を取るような長距離砲になっていたかもしれませんが、きっと野球をやめて、マジメな会社員として暮らしていたでしょう。

どちらが幸せかは分かりませんが、左で打ってみたことが、僕の野球人生にとっては大きな転機になりました。何が吉となるかは、本当に分かりません。

ドラフト会議も、そんな例の一つでした。1992年、星稜高校3年生だった僕は、国体が終わった段階で「プロ野球に行きたい」という意思を表明しました。

野球を始めた小学4年生の頃から「将来はプロ野球選手になりたい」と夢見てきました。星稜高校で山下智茂監督（現総監督）に身心とも鍛えられ、また仲間にも恵まれて4度も甲子園の舞台を経験できました。そのお陰でプロ野球という「夢」が「現実」に近付いたのです。進路を決めるのに迷いはありませんでした。

今となっては懐かしい思い出ですが、僕は阪神タイガースの大ファンでした。同じ左のスラッガー、掛布雅之さんに憧れており、タテジマのユニフォームを着て甲子園球場で活躍する自分を思い描いていました。その阪神も、僕を指名してくれるというのです。

どこの球団に決まってもプロ入りする覚悟は固めていましたし、本当にプロ野球選手になれるかどうかのほうが不安でした。でも、かなうならば「ぜひ阪神に」という思いは非常に強かったように思います。

ドラフト1位で松井秀喜を指名してくれたのは、阪神、巨人、中日、ダイエー（現ソフトバンク）の4球団でした。「交渉権獲得」と書かれた当たりクジを引いた球団が、僕の入団先になります。

今の高校生も同じでしょうが、こうなったら本人は何もできません。じっと入団先が決まるのを待つだけです。これほど、自分でコントロール不能な日はありませんでした。

ドラフト会議の日、僕は高校にいました。ちょうど4時限目のホームルーム中で、仲間と一緒にラジオを聞いていたのですが、決定した瞬間はCMが流れていたそうです。興奮していたのでしょうか、詳細は覚えていないのですが、僕について書かれた本などを見ると、そういうことになっています。ただ、阪神の中村勝広監督の姿を思い浮かべて「中村監督、お願いします。当たりクジを引いてください」と祈っていたものです。しかし、願いは……当時の僕の願いは叶《かな》いませんでした。

クジを開けると、翌年から12年ぶりに巨人監督へ復帰する長嶋茂雄氏が、親指を立ててニッコリと笑いました。家に戻ってからテレビで見たのですが、一生忘れられないシーンでしょう。僕の巨人入団が決まった瞬間です。

がっかりした覚えはありません。ただ、東京ドームでプレーする自分の姿が想像できませんでした。甲子園ならば高校野球で体験しています。あの通路を通って、あのグラウンドでプレーできるんだなと、具体的な想像ができます。

しかし、東京ドームは、まったく想像がつきませんでした。長嶋さんといえば、両親の世代にとっては大スターです。しかし、僕は長嶋さんが引退した年に生まれています。最初の監督を辞められた時も、まだ6歳でした。伝説の人で、父や山下監督が思い描くほどピンと来なかったのが正直なところです。

プロ選手となって数年が経ってから、何度か想像しました。阪神タイガースに入団して、あのタテジマのユニフォームを着て甲子園でプレーする自分を。不思議なもので、今度はこちらの方が想像がつかなくなっていました。巨人のユニフォームを着て、長嶋監督の下で、東京ドームでプレーする以外の運命は想像がつかなくなっていたのです。

無意味な想像にしか過ぎませんが、もし希望通りに阪神へ入団していたらどうだったでしょうか。今とは比べられないほどすごいバッターになっていたかもしれません。また、まったく戦力にならず故郷の石川県へ戻って、野球から離れていたかもしれません。いずれにせよ、一つだけ確かなことがあります。それは、当たりクジを引いてくれた監督、長嶋さんに心から感謝していることです。もしも監督に出会わず、鍛えてもらわなかったらと思うとゾッとします。

「もしも」の話が多くなりましたが、ついでにもう一つ。

高校3年の夏、星稜高校は甲子園にこそ出場できましたが、2回戦で明徳義塾高校に敗れて全国制覇の夢は成りませんでした。この試合、僕は5打席連続で敬遠され、一度もバットを振らずに終わりました。

もちろん試合中は「打ちたい」「勝負してくれ」と考えた覚えがあります。負けた時は本当に悔しくて仕方がありませんでした。打てなかったことがではありません。優勝を目標に監督や仲間と頑張ってきたのに、それを果たせずに終わってしまったからです。

しかし、今は思います。5打席連続敬遠があったから、僕は日本中から注目されました。長嶋さんも、あの試合をテレビで見ていたそうです。もしも敬遠されなかったら、ホームランを打ったとしても長嶋さんの目には止まらず、巨人に指名されず……どうなっていたか分かりません。

要するに、「もしも」と想像するのは、単なるお遊びでしかありません。何度も繰り返しますが、人間万事塞翁が馬。思い通りに事が運ばずとも、落胆せず、前へ進むしか道はないのです。そのうち、きっと「この道でよかった」と思える日がくるのではないでしょうか。

理想と現実は違う

ドラフト会議の話をしましたが、こういった、人生を左右することばかりではありません。日常の中で起きる些細なことでも、人間だれしも「こうであってほしい」という理想があります。そうした「理想」と「現実」との間には、どうしても差が生まれてしまいます。そのギャップに思い悩む人は多いと思います。

何が何でも実現する、譲れない理想もあります。僕でいえば、野球になります。思い描く理想のバッティングは、決して忘れたくありません。だから練習して鍛えて、節制して取り組みます。

しかし、その他、大抵のことでは「こうでなければならない」と決めつけないで生活するようにしています。あまり頭を固くしてしまうと、実現できなかったときにイライラしたり焦ったりして、ペースを乱してしまうからです。アメリカに来て、その意識はさらに強くなりました。

大リーグに移籍した初年度のことは、よく思い出します。何もかもが初めてで、戸惑いばかりでした。野球だけではありません。移動も、食事も、言葉も、困ってばかり。思い通りにいかないことだらけでした。

まず食事です。ニューヨークは日本人も多いし、おいしい和食店もたくさんあります。旅行者でもガイドブックを見てフラッと行けば、おいしい店を見つけられるでしょう。でも、キャンプを行うフロリダ州タンパという町に着いたときは困りました。

どこに行ったらいいのか。どこに何があるのか。行き当たりばったりで入った店の料理が口に合わず、結局、ホテルに戻ってから持参したインスタント食品を食べて寝たこともあります。僕は少しぐらいつらい出来事があっても、おいしい食事をして寝られれば、大抵のことには耐えられます。

しかし、そのおいしいものがなければ……。それでも、ストレスにはなりませんでした。むしろ旅行気分でしたね。

「今日は絶対に和食だ」とか、「バランスのいい食事をするためには、あの食材とこの食材が必要だ」などと力んでしまえば、実現できないときの落胆が大きくなるばかりです。だから僕は、グルメツアーを決め込みました。練習や試合に行くときの車中から、道沿いによさそうなレストランを見つけておいて、食べ歩きの毎日です。

バランスのいい食事も、気の持ちようと工夫で、どうにでもなります。和食好きとしては「米」で炭水化物を摂りたいところです。でも、希望通りにいかない日も多くある。それならば、パスタやパンで済ませばいいと思っています。最初に「絶対に米のご飯だ」と思ってしまったら、ストレスで息が詰まってしまいます。

野球のプレーに関するストレスからは、何があっても逃げません。真っ正面から向かっていき、とことんまで格闘します。しかし、それ以外は「まあ、いいじゃない」ぐらいの気持ちで臨んでいます。

日本にいたときは、自分のペースを守って生活ができました。朝起きてから、試合をして、夜寝るまで、予定通りに行動できます。食べたい時間に、食べたいものを選べます。しかし、アメリカではそうもいきません。大小含めてハプニングが多い中で生活したことは、野球にもプラスになっていると思います。ますます失敗慣れしたというのでしょうか。多少のことではペースを乱されなくなりました。

ちなみに食事でいえば、もう今は、アメリカでもまったく困っていません。大好きな和食にこだわらない姿勢で店を探したので、すぐにお気に入りの店が増えていきました。ステーキ、中華料理、韓国料理……そうそう、アメリカで新たな発見をしたのがタイ料理、インド料理です。

僕は魚のおいしい石川県で生まれ育ったので、東京にいても和食が多い傾向がありました。焼き肉レストランや中華料理店は行きましたが、本格的なタイ、インド料理に挑戦したことはありませんでした。

アメリカに行って食べ始めたら、これが完全にはまってしまいました。次第に「ああ、トムヤムクンスープを飲みたい」とか「インドカレーが食べたい」と思うようにもなったのです。

そしてこれは、シーズンを戦う上でも非常に大きな意味を持ちました。遠征先には和食店がない土地もあります。あっても閉店が早かったり、球場から遠かったりと、日本にいるときのようにはいきません。しかし、タイ料理、インド料理まで幅を広げていたので、困ることはありませんでした。

ちょっと肩の力を抜くというのでしょうか。思い通りにいかなくても、「まあ、いいか」ぐらいに思っていると、うまくいくような気がします。

失敗との付き合い方

野球のストレスからは逃げない、と言いましたが、野球はストレスの連続です。尊敬する長嶋さんは口癖のように「野球とは人生そのもの」だと言います。

本当にそうだと思います。人生も野球も失敗、そして後悔の連続です。その分、優勝したときや思い通りのプレーができたときの喜びも大きいのです。失敗と上手に付き合っていくためには、やはり「どうにもならないこと」ではなく「今、自分にできること」に集中するしかありません。

プロ野球のバッターは、打率3割を打てば一流と認められます。つまり、一流選手でも、7割近くは打ち取られているわけです。他の仕事で成功率3割では成り立ちませんよね。それぐらい、野球は失敗のスポーツといえます。

僕も毎日、毎打席、「あの球に手を出してはいけなかった」「フォームが崩れてしまった」などと失敗を振り返りながら過ごしています。

ホームランを打った日でも、球場からの帰り道に考えているのは、凡打した打席だったりします。「成功」よりも「失敗」との付き合いが多くなります。

そう、野球とは、失敗との付き合いなのです。失敗との付き合いが上手にできなければ、決して長く活躍することはできないでしょう。

うまく付き合うといっても、失敗が当然になってしまってはいけません。失敗を悔やみ、反省し、そして次につなげる。このサイクルを毎日繰り返していくしかありません。

タイムマシンでもあれば、打てなかった打席の場面に戻って松井秀喜に言ってやります。「おい、あのピッチャーの外角球はシュートして、さらに外に逃げていくぞ。しっかり踏み込んで打つんだ」と。

しかし、残念ながら過去に戻ることはできません。過去の自分をコントロールすることはできません。しかし、未来の自分はコントロールできます。少なくとも、過去よりは思い通りにできる可能性を秘めています。それならば、前に向かうしかありません。

どんな仕事をしている人でも、完璧な人はいません。成功率１００％の人はいないと思います。多くの人が失敗と付き合い、乗り越えているはずです。

失敗したときの絶望感はよく分かります。だって僕は、毎日失敗しているのですから。でも、絶望する必要はない。「次こそは」と思って乗り越えていくしかないのです。

もし、失敗に絶望している人がいれば、こう思えませんか。「成功率3割を目指している松井よりはマシか」と。僕は失敗と付き合いながらも、前を向いて進んでいきます。

悔しい思いは口に出さない

僕は決して気持ちの切り替えがうまい方だとは思いません。逆転のチャンスで打てなかったり、絶好球を打ち損じてしまったりすると、結構引きずってしまいます。帰りの車の中でも、自宅に戻ってからも、脳裏に空振りのシーンが渦巻いていたりします。思わず「あーあ」と嘆いてしまいそうになります。

しかし、一つルールを決めています。それは、安易に口に出さないことです。不思議なもので、言葉として口に出すと、気持ちがエスカレートしてしまう気がするのです。例えば「あのカーブに手を出すんじゃなかった」という思いを口にしてしまうと、もう、その思いから離れられなくなっていきます。

「何で、あんな難しいボールに手を出しちゃったんだろう。出さないようにしようと気を付けていたのになあ」

こうなってしまうと、なかなか前へ進めなくなります。もちろん個人差があるのでしょうが、僕の場合はそうなので気を付けています。

試合が終わると報道陣の取材を受けます。記者の方からすれば「くそー。あの球に手を出すんじゃなかった！」と、感情を前面に出して悔しがるコメントが欲しいのかもしれません。実際、心の中ではそう叫んでいる日もあります。

でも、努めて冷静に「あの球に手を出すべきではありませんでした。次回に対戦するときは打てるように対策を立てたい」など、前向きに話すようにしています。

ファンの方が聞いても、物足りないかもしれません。よく知人からも「もっと感情を表に出せばいいのに」と言われることがあります。しかし、僕は感情を口や顔に出すと、その感情に負けてしまいます。

悔しさは胸にしまっておきます。そうしないと、次も失敗する可能性が高くなってしまうからです。コントロールできない過去よりも、変えていける未来にかけます。

そう思っていなければ、失敗とは付き合っていけません。プロ野球選手として毎日、毎日、試合に出続けられません。何しろ、成功より失敗の方が多い職業ですから。

もちろん、色々なタイプの人がいます。選手の中には、思い切り口に出して、すっきり忘れる人もいます。仕事の不満や上司への愚痴も、口に出してすっきりする人もいれば、逆に口に出すと憎しみが倍増してしまう人もいるでしょう。

腹が立ったり、不満が出てきたりするのは、仕方がありません。思ってしまうのだから、自分にも止められない。でも、口に出すか出さないかは、自分で決められます。そこに一線を画した方が、自分をコントロールできるような気がします。

だから、打てなかった日の、僕のコメントが物足りないのは勘弁してください。その代わり、チャンスで凡退したのに淡々とインタビューを受ける僕を見たら、想像して楽しんでください。きっと、心の中は悔しさで荒れ狂っているんだろうな、と。

自ら可能性を捨てない

僕の心の中には、暴れん坊の自分も住んでいます。凡打した悔しさに顔をゆがめ「何やってんだ！　クソー！」とベンチを蹴っ飛ばしたり、バットやヘルメットを投げつけたりしたい自分も隠れているような気がします。プロに入ってからそのような行動を取った覚えはありませんが、心のどこかに潜んでいるはずです。

中学生の頃、明らかに打たせる気がなく四球攻めをしてきたピッチャーをにらみつけ、バットを放り投げてコーチに殴られたことがあります。星稜高校2年の秋に台湾遠征へ行った際も、山下監督からひどく叱られた経験があります。

現地高校との試合でホームランを放った翌日、顔の付近にきた明らかなボール球をストライクとコールされました。どうやってもバットが届かないコースまでストライクと判定され、三振を喫しました。僕は頭にきてバットを投げ捨てました。

その試合後、山下監督から2時間ほど叱られました。内容はよく覚えています。

「おまえはジャパンのユニフォームを着て試合に臨んでいる。石川県代表ではなく、日本代表の選手なんや。マナーも大切だ。球界のトップレベルを目指すならば『知、徳、体』の三拍子そろった選手になれ」

こうした指導を受けた僕は、幸せ者だと思います。いくらホームランを打っても、思い上がった気持ちでいたら次がありません。打てなければ悔しいのは当然です。審判の判定が間違っていれば腹も立ちます。

しかし、その悔しさを露《あら》わにしてバットを投げ捨てるという行為は、次の可能性を捨ててしまいます。悔しさを露わにすれば、自分の心が乱れます。自分の心が乱れれば、次にど真ん中の好球が来たとしても打てません。それで得することなど、何もないのです。逆に、グッとこらえていれば、次に生きることもあります。

甲子園で5打席連続敬遠を受けたときも、僕は打席の中で「1球でも好球がきたら必ず打ってやる」と自分に言い聞かせていました。プロに入ってからも、相手投手はボール球を使って勝負してきます。ボール攻めにイライラしたら自分の負けです。

いや、人間ですからイライラするのは仕方がないでしょう。しかし、態度に出さない、口に出さないことはできます。態度や口に出してしまうと、気持ちが乱れ、バッティングが乱れ、自分が苦しむことになる。

そして、乱れたバッティングを修正するのは、とても大変で苦しい作業なのです。だから、僕は少しでも乱れる可能性がある行動を慎もうと考えています。

山下監督に教えられたことがあります。ホームラン世界記録を持つ王貞治氏（ソフトバンク監督）はどれだけ四球攻めをされても、一度もバットを投げたことはないと。表情一つ変えずにバットをそっと置き、一塁へと歩いていったそうです。

僕は王さんの現役時代の記憶はほとんどありません。でも、その話を聞いて「格好いい」と思いました。バットを投げつけて、投手をにらみつけるよりも格好いいと思うし、相手への威圧感もあるように思います。

王さんは、どれだけ四球攻めをされても、唯一の好球を逃さずホームランにしたそうです。王さんの偉大さはホームランの数だけではなく、その内容にもあるのでしょう。

少しでも、その域に近付きたいと思っています。

僕とメディアの関係

プロ野球選手にとって、メディアとの付き合いは仕事の一部です。しかも、なかなか難しい仕事と言っていいかもしれません。打つ、投げるといったプレーは、自分で努力できます。例えば凡打したときは、雪辱を期して素振りをする、トレーニングをするなど、色々と方策があります。

しかし、メディアの報道というのは、自分でどうにもならないところがあります。記者の方が見て、感じて書く記事に対して、僕が何かをできるわけではありません。

嘘やでまかせの記事は論外です。でも、僕を見て取材した記者の方が、どう記事を書くか。それは、書く本人にしかコントロールできません。

ヤンキースに入団した2003年シーズン当初、大リーグ投手の微妙に動くクセ球に戸惑い、なかなか結果を出せませんでした。外角へ沈んでいくボールを強引に引っ張ってしまい、内野ゴロばかり打っていました。

今思えば非常にうまいネーミングだなあと思うのですが、ニューヨークタイムズが僕のことを「Ground Ball King」と書きました。訳せば「ゴロ王」。ゴロばかり打っているゴロの王様というわけです。地元紙ですから、ニューヨークで普通に生活していれば、嫌でも目に入ります。

結果が出ずにチームに迷惑をかけていることは、自分が一番よく分かっています。何と書かれても何も言えないのですが、決していい気分ではありません。しかし、一番怖いのは「悪く報道される」ことではありません。むしろ、悪く書かれた記事を気にするあまり、自分のペースを乱してしまうことです。

気にしないのが一番ですが、なかなか難しいものです。新聞は自然と目に入ってきますし、「こんな記事が出ていたよ」と教えてくれる人もいます。「気にしない、気にしない」と自分に言い聞かせているうちに、もっと気になってしまう場合もあります。

だから、僕は自分について書かれた新聞も読みます。「ゴロ王」のときの新聞も読みました。逃げているより、真っ正面からとらえた方が気持ちも切り替えやすいのです。

メディアとの付き合いでは、こんな経験が生きています。巨人時代の担当記者に言われたことがあります。「〝松井スランプ〟と書いたときに限って、ホームランが出るんだよな。また恥かいちゃったよ」と。これは非常におもしろい話だなと思いました。

もちろん、記事に書かれたからといって、意識してホームランを狙っていたわけではありません。調子には波があるので、よほど調子を崩していない限り、「しばらくホームランが出ていないぞ」と思われる頃には、調子が上がってきます。

つまり、スランプと書かれる頃には、ホームランを打てる確率も上がっているわけです。当然といえば当然なのですが、いいジンクスにしてしまおうと思いました。

「松井、大ブレーキ」などと書かれた新聞を見たら「よしっ、そろそろヒットが出る時期だぞ。ホームランが出る頃だぞ」と考えるようにしたのです。担当記者には恥をかかせてしまいますが、まあ、それぐらいはいいでしょう。記者の中にもおもしろがって、ホームランから遠ざかると「そろそろ〝松井スランプ〟って書いておこうか」などと言ってくる人もでてきました。

「ゴロ王」と書かれた時期は、まだ大リーグにも慣れていなかったので、多少気になったことは間違いありません。でも、このときも少しずつ手応えを感じていました。結果にはつながっていませんでしたが、明るい兆しは感じていました。

だから報道を見て、「じゃあ、そろそろライナーのいい打球が飛ぶかな」と考えるようにしました。まさに自分勝手な解釈ですが、時にはそれで構わないと思います。

報道されるのは、プロ野球選手にとって幸せなことだと思っています。応援してくれるファンの方々との橋渡しをしてくれるのはメディアです。いいことばかり書かれるわけではありませんが、過剰なほど気にしても始まりません。

一般の方は、メディアの取材を受けたり、新聞に書かれたりすることはないでしょう。でも、うわさだとか評判に悩まされた経験を持つ人は多いと思います。そうすると、余計な気を使い、その後へも悪影響が出てしまいます。それならば、悪く言われても前向きにとらえるようにした方が自分にプラスになります。

「ゴジラ」命名物語

メディアについて述べたついでに、ちょっと古い話をしましょう。星稜高校3年の春、センバツ甲子園の直前に、スポーツ新聞が僕のことを「ゴジラ」と書きました。よく読めば「すごいバッターだ」という紹介記事ですから、ほめてくれているわけです。しかし、当時は17歳。思春期まっただ中ですから、野球一筋といっても、ちょっと格好つけたい年齢でした。

ゴジラと命名した日刊スポーツの女性記者に「ちょっとゴジラなんて勘弁してくださいよ。もっとかわいいニックネームはないんですか」と苦情（?）を言ったのを覚えています。もっとも、その女性記者には「あら、ゴジラってかわいいじゃない」と一蹴されましたが……。

その前年に高校選抜に選出してもらい、ロサンゼルスへ遠征に行ったとき、一緒にプレーする1学年上の選手たちから「怪獣」と名付けられました。バッティングをほめてもらったのか、ニキビだらけだった顔をからかわれたのかは分かりません。おそらく、そのときの「怪獣」が「ゴジラ」に結び付いていったのだと思います。

しかし、おもしろいものです。今、僕が打席に立つと、ヤンキースタジアムの電光掲示板に「Godzilla（ゴジラ）」という文字が出ます。チャララ、チャララ、チャラララチャラララ～という「ゴジラのテーマ」も流れ、ご丁寧に「ギャオー」というゴジラの叫び声まで球場に響き渡ります。

アメリカの人々から「ガッズィーラ」と呼ばれると、うれしく思います。きっと「Hideki Matsui」という本名より、ニューヨークの人々に親しまれているのでしょう。それが、どれだけ自分の力になっているか分かりません。高校時代、あまり好きでなかったニックネームが、時を経て大リーグへやってきた自分の力になってくれているのです。本当に、何が幸いするか分かりませんね。

ただ、ニックネームというのは根底に「親しみ」があるべきです。最近、学校の先生が生徒に悪いイメージの呼び名をつけ、それがいじめの原因になったと報道されていましたが、とても許せません。

もし、僕の「ゴジラ」というニックネームも、最初に悪意からつけられていたらどうでしょうか。僕は怒っていたと思うし、定着しなかったでしょう。ニックネーム、あだ名とは「親しみ」の証であることが前提でしょう。

親しみを持って「ゴジラ」と名付けてくれた女性記者は、すでに結婚して記者を辞めたそうです。たまには僕の試合を見てくれているでしょうか。見てほしいですね。「ゴジラ」は、少し成長しましたよ。

東洋人のしなやかさを活かす

野球のプレーのなかで、僕は基本的に「不可能はない」と思って臨んでいます。日本にいたときほどホームランが打てず、ファンの中には残念に思っている方もいるでしょう。ホームランだけを目標にプレーしていませんが、フェンスを越えていく打球をあきらめたわけではありません。少しずつ手応えも感じています。しかし、大リーグのパワーヒッターのような打ち方を真似するつもりはありません。

ジェイソン・ジアンビという選手をご存知でしょうか。ヤンキースのチームメイトで、大リーグを代表するホームランバッター、僕と同じ左打ちです。彼のバッティングは、いわゆる大リーグの強打者のものだと感じます。バットでボールを粉々に打ち砕くと言うのでしょうか。バットとボールを衝突させるような打ち方です。

大リーグで使うボールは、日本のプロ野球が使用するボールよりやや大きく感じられます。空気も乾いている傾向があり、またピッチャーが投げる球の質も重くて微妙な変化をします。これらの要素を総合すると、やはりジアンビのようなバッティングが向いているのかと思います。

一方、日本では、ムチのような「しなり」を利用してボールを飛ばす傾向があります。だからバットも、非常にしなる「アオダモ」という素材を使う選手が多い（最近はアオダモ材の不足もあって減っているようですが）。僕も日本では、アオダモ材のバットを使っていました。

大リーグに移籍してからは、アオダモではなくメープル（楓《かえで》）の木のバットを使うようになりました。「しなり」よりも「ぶつける」といった大リーグのバッティングに適応するためです。パワーをつけるためのウエイトトレーニングも始めましたし、フォームも変えました。

でも、だからといって、ジアンビのようなバッティングを目指しているわけではありません。いくら僕がウエイトトレーニングで鍛えても、アメリカ人のような体格にはなれないでしょう。

日米野球でも本塁打を量産したライアン・ハワード（フィラデルフィア・フィリー

ズ)、2006年ワールドチャンピオンの原動力となったアルバート・プホルス(セントルイス・カージナルス)、松坂大輔投手のチームメイトとなるデビッド・オルティス(ボストン・レッドソックス)……他にもたくさんのパワーヒッターがいます。

心の底から「すごいな」と思いますし、部分的には参考になるところもあります。しかし、体格が違うところで彼らのようなバッティングを目指したら、バッティングが狂ってしまいます。

守備や走塁でも同じです。黒人選手のバネというのは素晴らしいものがあります。でも、彼らと同じような走り方や守備は、どんなに努力しても無理だと思います。

無理というのは、絶望ではありません。日本人、東洋人の体にも素晴らしい特徴があると思います。それは「しなやかさ」ではないでしょうか。大リーグの強打者と同じ打ち方で力比べをしたら負けます。しかし、しなやかさを生かしたバッティングを保ちつつ、大リーグの野球に適応していけば、もっとホームランを打てる時がくると信じています。

また、「正確」「勤勉」という、日本野球の素晴らしい特徴も生かしたいと思っています。肩の強さで負けるならば、ボールを取ってから素早く投げるように心掛ける。足の速さで負けるならば、守備位置を研究し、最初の一歩を素早く出せばいいのです。走塁もスタート良く走れば、決してカバーできないことはありません。

ハワードのように大きな体に生まれたかったとか、ホセ・レイエス（ニューヨーク・メッツ）の全身バネのような体がうらやましいとは思わない。僕にしかない特徴を生かせば、彼らと戦っていけるはずです。少なくとも、そうした気概だけは持ってプレーしています。

人の心を動かしたい

ここまで、自分でコントロールできないものを並べてきました。コントロールできないものに気を病むのではなく、できることを精一杯やろうという僕の考え方を紹介しました。でも、少しばかり矛盾する気持ちも持っています。絶対にコントロールは不能ですけど、動かしたいと思うものがあります。

絶対にコントロール不能なもの。それは人の心です。人の気持ちをコントロールしようとするほど、無意味なことはありません。例えば高い地位にいれば、色々な人に命令することができます。多くの人は命令に従うでしょう。しかし、行動で従ったからといって、気持ちまで従っているかどうかは分かりません。人の心はコントロールできないと思います。

でも、コントロールはできずとも、動かすことはできるのではないかと思っています。僕は1992年12月25日、巨人の入団記者会見で「サッカー、相撲に小さい子供達の心が動いています。自分はファンや小さい子供たちに夢を与えられるプレーヤーになるよう、一生懸命頑張っていきたい」と言いました。

当時は貴乃花関、若乃花関が大人気の大相撲ブームでした。しかも、翌93年にはサッカー、Jリーグの発足が決まっていました。それを意識したコメントでしたが、まだプロ野球で1本のヒットも打っていない18歳の若造が、随分と生意気な発言をしたものだと思います。しかし、自分で褒めてしまいますが、その意気やよし、とも感じます。

例えば、スタンドからのブーイングや歓声があります。観客が試合を見てどう思うかはコントロールできません。

しかし、彼らの心を動かすことはできます。全力でプレーをし、結果を残していれば、ブーイングは拍手に変わります。また逆に、もしも手を抜いてプレーをしたら、拍手がブーイングに変わります。

僕は、コントロールできないからといって、観客の反応を「気にしない」と言うつもりはありません。大いに気にしたいと思っています。大いに気にして、大いに励みにしたいと考えます。

直接会うことのない、知り合うことのない関係であっても、僕のプレーをテレビや球場で見た人が、もし「よし、オレも頑張ろう」と思ってくれたら、野球を職業とする者として、これほど幸せなことはありません。だから、僕は「ファンがどう思おうが関係ない」とは考えたことがありません。

巨人時代から、何度か病気と闘う人たちと会う機会がありました。難病と闘う少年の病室を訪れると、部屋の中は松井グッズでいっぱいでした。「頑張れよ」と、月並みなことしか言えません。小さな体で精一杯病気と闘っている子供が、もし、僕がホームランを打つことで「ボクも頑張ろう」と思ってくれるならば……。

でも、毎日ホームランは打てません。ならばヒットでもと思いますが、残念ながら、それも無理でしょう。ただ、毎日試合に出て、全力でプレーすることならばできます。やらなくてはいけません。セカンドゴロを打ってしまったとき、「ああっ、しまった」と思います。しかし、僕は全力で走ります。歯を食いしばって一塁へ向かいます。

人は弱いものです。僕も、弱い自分に負けそうになってしまいます。今日は負けゲームだから手を抜いてしまおうかな。トレーニングを休んでしまおうかな。素振りを休んで、遊びに行ってしまおうかな。そう思う日はあります。そんなとき、僕のプレーを励みにしてくれる人のことを考えます。そうすると力が湧いてきます。もうひとふんばりできる気がします。

全力プレーを続けることで、この世でもっともコントロール不能な「人の心」を動かしたいと思います。「松井も頑張っているんだから……」と。

もしかすると、ホームランを60本打つより難しい目標かもしれません。だからこそ、やりがいある目標だと思っています。

第3章　努力できることが才能である

夢を実現するために

生まれてから今まで、様々な決断をしてきました。中学を卒業するときに野球の強い星稜高校に行こうと決め、高校を卒業する時にはプロへ行こうと決意しました。その時々、周囲の人にアドバイスをもらいながらも自分で決めてきました。

プロ入りする際は、ドラフト会議で球団が決まりました。僕の意思ではなく、抽選で長嶋監督に当たりクジを引いてもらったわけです。しかし、「どこの球団であれプロに行こう」と決めたのは自分です。阪神だったらいいなとは思っていましたが、どこでも断るつもりはありませんでした。結果的に自分で下した決断だと考えています。

大リーグ移籍を決める際も、自分で決断しました。２００２年に僕はフリーエージェント（FA）権を取得し、宣言すれば、どこの球団とも自由に交渉できる資格を持ちました。僕にとっては巨人に残るか、大リーグ球団へ移籍するか、選択肢は二つに一つしかありませんでした。

迷いました。巨人に残り、王さんが持つ年間55本塁打に挑戦し、三冠王を目指し、それこそV9に匹敵するような強いチームになるべく先頭に立って引っ張っていくのも、素晴らしい選択肢だと思いました。一方、少年時代から心の隅にあって、少しずつ中心で大きくなってきた夢がありました。大リーグでプレーすることです。

もちろん、どちらの選択肢が正解かは分かりません。自分で納得した道を進み、後悔しなければ、それが正解と言えるのでしょう。周囲の人々に相談はできても、こうした大きな決断を他人任せにはできません。迷いました。本当に迷いました。

最後は「自分に正直」になりました。お世話になった人の意見や、周囲の状況は色々とあります。でも、一度白紙になって、自分に向かい「おい、松井秀喜、お前の本心はどうなんだ。どうしたいんだ」と問いかけました。僕の心は、即答しました。

「大リーグでプレーしたい」

この正直な気持ちを大事にしようと決めました。色々な人に迷惑をかけ、がっかりするファンがいるかもしれません。しかし、正直な気持ちを大切にする以外に、後悔しない道はないと考えました。

すぐに長嶋さんに電話をし、会ってもらいました。大リーグ行きを告げると、長嶋さんからは「もう決めたことなのか。考え直す気はないのか」と聞かれました。「もう決めました」と答えると、長嶋さんは「よし、分かった。行くなら頑張ってこい」と肩をたたいてくれました。原辰徳監督とも、同じような会話をしました。

今でも、どちらの道が自分にとってよかったのかは分かりません。どんな場合でも自分の気持ちに正直であるのがいい、とも思いません。しかし、自分の素直な気持ちを確認する作業は必要であると思います。自分がどうしたいのか。それを貫けるかどうかは別として、自分の気持ちは大切にしてほしいと思います。

ただ、夢に挑戦するタイミングというのは難しいものです。僕がプロ入りする際に大リーグへ行こうとしていたら、それは「挑戦」というより「無謀」でしょう。日本で実力をつけ、また自由に移籍できるFA権を取得したタイミングで踏み切りました。これ以外のタイミングはなかったと思います。

夢を胸に秘めている人はたくさんいるでしょう。でも、その夢を実現するためには、準備をきちんとし、踏み切るのはここしかないというタイミングが重要だと思います。勇気を持って、しかも無謀ではないタイミングを計って、です。僕はそうして大リーグにきて、本当によかったと思っています。まったく後悔はしていません。

僕は「天才型」ではない

「人間万事塞翁が馬」を心の支えにしている僕ですが、何もかも達観しているわけではありません。何が起こっても仕方がないと、あきらめているわけではありません。

「過去」は決して悔やまぬよう心掛けますが、「未来」は違います。未来に対しては、自分に厳しくありたいと考えています。過去はともかく、未来は自分でコントロールできるのですから。

「努力できることが才能である」

これも、子供の頃から僕を支えてくれた言葉です。小学校3年生の頃だったでしょうか。父が半紙に毛筆で書いて渡してくれました。子供部屋に貼り付け、毎日のように眺めていました。父によると、加賀市で晩年を過ごした硲《はざま》伊之助さんという洋画家、陶芸家の言葉だそうです。

僕は決して「野球センスにあふれる」というタイプではありません。両親からもらった丈夫で大きな体は、いくら感謝しても足りないぐらいです。しかし、何をやってもすぐに修得できるという天才型ではありませんでした。むしろ、人よりも進歩は遅かったように思います。

子供の頃だと、努力しないで出来る方が格好よく見えますよね。汗をかかずに楽々とやってのけたいという思いがあります。でも、僕にはそれができませんでした。努力しなければ、人並みにもなれないタイプでした。

そんなときに支えてくれた言葉でした。「努力できることが才能である」。試合に負けて、打てずに悔しいとき、素振りをしながら、父が書いてくれた紙を見つめました。この言葉が、僕の希望でした。

プロ入りして実家を出るまで三度、部屋が変わりましたが、この紙だけは大切にはがして、新しい部屋に貼った記憶があります。

大リーグには才能あふれるプレーヤーがたくさんいます。その中に入って、あらためて思っています。どんな世界であれ、努力をせずに成功した人などいないのではないでしょうか。

さらに成長するため、ニューヨークの部屋にも、あの紙を貼ろうかと考えています。

素振りの思い出

「未来」へ向けた一つの決意として、僕は素振りを欠かしませんでした。これは努力すればできることです。試合に勝った日も、ホームランを打った日も、大敗した日も、ヒット1本打てなかった日も、必ず素振りをしてきました。

打った日は、自分を誇らしく思います。しかし、その気持ちは一歩間違えると慢心に結び付いてしまいます。逆に打てなかった日は、落ち込んでしまいます。そうすると、一歩間違えれば気持ちが腐ってしまいます。

そのどちらも「未来」へプラスにはなりません。そこで僕は、素振りをしながらリセットするのです。バットが風を切る音が聞こえます。うまく文字にできませんが「ピッ、ピッ」と鋭い音が聞こえると安心します。

ときには「ボワッ」と鈍い音がしてしまう日もあります。自分の感覚はごまかせません。周囲の人は、ヒットという結果が出ていれば、「松井は好調」と評します。しかし、ヒットが出ていても調子が下降している時はあります。どんな状態であれ、自分の感覚と会話しています。松井秀喜というバッターを評価するとき、自分が一番厳しい評論家であるべきだと思っています。

素振りには思い出がたくさんあります。中学時代、試合に負けて家に帰りました。とても悔しくて、家族と話していたら泣いてしまいそうでした。涙を見られたくないので自分の部屋にこもって、しばらく泣いていました。そのとき思ったんです。「もう負けたくない」。ならば何をするか。考える必要はありません。練習をするしかありません。明日から、また厳しい練習を頑張ろう。「もう負けたくない」。いや、明日からではなく今からだ。いてもたってもいられず、部屋の中で泣きながらバットを振りました。

もしかするとそのとき、一晩寝てしまったら、悔しさを忘れてしまったかもしれません。しかし、泣きながらバットを振った思いは、そう簡単に消えてなくなりません。失敗を悔やんでも仕方がないという話と、矛盾を感じる人がいるかもしれません。しかし、失敗と付き合うことは「あきらめる」ことではありません。すぐに忘れてしまう、あるいは達観することでもありません。

悔しさは「過去」ではなく「未来」へぶつけるのです。僕にとっては、それが素振りです。

長嶋茂雄さんとも、何度も素振りを繰り返しました。ちょっと調子が悪いとき、いや調子がよいときでも、ベッドで寝ていると長嶋さんからの電話がかかってきました。「おい松井、バット持ってこいよ」。慌てて着替えて、バットを持って自宅を飛び出したことが何度もあります。時には長嶋さんの自宅で、時にはホテルで、二人だけの特訓が繰り返されました。

長嶋さんはスイングの音をチェックします。それしか気にしていないと言ってもいいぐらいです。眼をつぶって、僕が振るバットの音だけを聞いていました。「いまの球は内角だな」「うん？　外角低めだったか」など、長嶋さんにしかわからない感覚をお持ちでした。前の日にホームランを打ったとか、凡退しているといった結果は関係ありません。鈍い音がすると叱責され、休む間もなくスイングを繰り返しました。

ベテランの新聞記者に聞いた話です。

僕が大好きだった掛布選手が、スランプに悩んでいるとき「どうしたらいいか」と長嶋さんに相談の電話をかけたところ、「そこでバットを振ってみろ」と言われたそうです。そして長嶋さんは、電話越しに掛布さんのスイングの音を聞いた。本当かどうか分からない話ですが、何となく本当のような気がします。それぐらい、長嶋さんはスイングの音を大切にしていました。

今日打てたからと言って、明日も打てるとは限らない。逆に、今日打てなかったからといって、明日もダメと決めつける必要はありません。今日をリセットして明日に向かう。そのために素振りは欠かせません。精神安定剤のようなものかもしれません。

ほんの些細なことでもいい。「未来」へ向かう決意を、何か行動にしてみたらどうでしょう。僕の素振りだって、野球では基礎の基礎です。しかし、それを毎日欠かさず続けていくことが、いつかきっと、自分を高めてくれると信じてきました。

バットの職人

試合に臨む準備ならば、何でもします。少し、いや結構いいかげんな性格の僕ですが、野球に関しては妥協したくありません。終わったことを悔やみたくない。だから、悔やまないですむように、事前にできることは何でもやります。練習だけではありません。道具選びも決して妥協しません。

僕は毎年シーズンオフに、岐阜県養老町にあるミズノのバット工場を訪れます。そこで、バット作りの名人と呼ばれる久保田五十一《いそかず》さんと相談しながら、翌年に使うバットを選びます。頭の中でイメージした形を口にすると、久保田さんがその通りに木を削ってバットにしてくれます。それを手にして振ってみます。少しでもイメージが違っていれば、また新しいものを削ってもらいます。

久保田さんはじめ、ミズノの方々は1日がかりで僕に合うバットを作り上げてくれます。大変な苦労をしてもらっていますが、お陰でバットに不服を感じたことは一度もありません。僕はシーズン中にバットの形を変えることはありません。少なくとも1年間、一緒に打席へ入るパートナーを信頼できなかったら、いい戦いができるはずがないと思っています。

生きている木を、久保田さんたちが魂を込めて削ってくれます。だからバットは、魂の入った生き物です。粗末にはできません。そして大事にしていれば、僕が打ち損じたのにヒットにしてくれるような気がします。バットが折れながらもヒットになったときなど、バットに御礼を言いたくなります。

大リーグの選手は、日本の選手に比べて、道具を大事にしない傾向があります。グラブもバットも平気で放っておきますし、手入れをするシーンもあまり見ません。

気持ちの問題だけではありません。手入れをすることで道具の状態も分かります。補修が必要な状態なのにそのままプレーしたら、大怪我を招く可能性だってあるのです。

かなり古いですが、「メガネは顔の一部です～」というテレビコマーシャルがありました。あれは、すごくよく分かります。僕にとっては「バットは体の一部です～」。

１６２試合、同じ姿勢で臨む

大リーグのシーズンは、日本よりも20試合ほど多い１６２試合を戦います。これだと、もう毎日試合をやっているような気分になります。

それだけ長いシーズンを戦っていると、体調がいい日もあれば悪い日もあります。疲れて体が動かない日もあれば、どうしても気分が乗らない日もあります。ある程度、それは仕方がないと思います。

しかし、僕の目標は「１６２試合すべてに同じように臨む」です。

現実的には不可能でしょう。開幕戦の緊張感は、ほかの試合とは違います。シーズン終盤に優勝が目前となってくれば、スタンドを含めた球場全体がピリピリしたムードにつつまれます。どの試合も同じだなんて、とても言えません。

しかし、目指すところは「すべてに同じように臨む」です。そのためには、準備段階が非常に重要になります。朝起きて食事をして、素振りをしてから自宅を出て車に乗り込む。球場でストレッチをして、ランニングをして、キャッチボールをして、打撃練習をして試合に臨みます。

その時によって、打席に入る前のウォーミングアップの内容は多少変わりますが、体をほぐしながら、気持ちを高めていくという作業に変わりはありません。そして打席に入り、投手と対します。

よくバッターは「チャンスに強い」、「弱い」と評されます。結果として、そうした傾向が出ることはあると思います。実際、敵味方に関係なく、ここぞという場面で打ちそうな気がする選手はいます。

ここで一打出れば勝てる、という場面で打席が回ってきたとします。何を考えますか。ヒットを打ちたいと思うでしょう。ホームランを打ちたいと思うでしょう。僕にも、そうした思いが頭をよぎります。

しかし、「打ちたい」と強く願ったからといって、打てるわけではありません。もしも、願いの強さで結果が変わってくるならば、いつも念じます。それこそ400打席同じように念じて、400本塁打を打ちたいです。

しかし、結果を左右するのは、願いの強さよりも「平常心」ではないかと思います。400打席、同じような心境で打席に入れるかどうか。

一打出れば勝てるという場面は、相手投手にとっては、一打浴びれば負ける場面です。ピッチャーとバッターのどちらがより「平常心」で臨んでいるかが、勝負の分かれ目になるような気がします。

チャンスに強いバッターというのは、要するに、ここぞという場面でも「平常心」を保てる選手ではないでしょうか。だから、僕は162試合同じように準備をして、すべて同じ心境で打席に入りたいと思っています。ここぞという場面で打つためにです。

タイトル狙いの打撃はしない

野球はおもしろいもので、チームが置かれた状況や試合展開によって、打席で考えるべき内容は変わってきます。同じ試合終盤でも、リードしている展開とリードされている展開ではバッターとしてやるべきことが違います。四球でも出塁すべきか、少し強引にでも打っていくべきか、何としてもランナーを進めるべきか。

全試合、全打席で同じアプローチを目指しても、頭の中に入れておくべきポイントは変わってきます。しかし、そのポイントはすべて、チームに関わる要素であるべきだと、僕は考えます。チームが勝つためには、自分はここでどんな打撃をしたらいいのか、が全てです。

それ以外の要素の一つに、個人タイトルがあります。僕は巨人時代にホームラン、打点、打率の三冠王を目指していましたが、一度も取ることはできませんでした。最大のチャンスは、巨人最後の年となった2002年でした。

シーズン終盤になって、ホームラン王、打点王はほぼ手中に収めており、打率で中日の福留孝介選手を追いかける展開です。すでに巨人は優勝を決めていました。タイトルに集中していい時期でした。

東京ドームの最終戦で2本塁打を放ち、目標としていた50本塁打に届きました。残り1試合。担当記者から、5打数4安打ならば福留選手を抜いて打率トップになると聞きました。

知人の中には「バントヒットを狙っていけよ」と冗談交じりにアドバイスしてくれる人もいました。それも一つの方法かもしれません。しかし、少しの迷いもありませんでした。最後までフルスイング。自分のバッティングをするだけだと思いました。それでなければ、全試合すべての打席で同じアプローチをする、という目標を見失ってしまいます。

その目標は、僕の指針でもあります。どれほど大差で勝っていても、負けていても、接戦でも、優勝が決まる大一番でも同じスタンスで臨み、平常心で結果を出すのが理想です。これを崩してしまっては、もし三冠王を取っても、その先がないような気がしました。

広島との最終戦。第1打席は佐々岡さんのカットボールを引っ掛けて二ゴロでした。4回表1死で迎えた第2打席は、１４２キロの速球に空振り三振を喫しました。この2打席で、首位打者は不可能になりました。結局、5打数無安打。最後の打席も空振り三振でした。

残念には思いました。しかし、全力を尽くし、自分のスタイルを貫いた結果です。結果を悔いても仕方がありません。納得してシーズンを終えた記憶があります。

いつか大リーグでタイトル争いができる日がきても、同じように自分のスタイルを貫きたいと思います。まずは、早くそんな日がくるよう頑張っていかなければなりません。

足が震えたあの試合

平常心を強調してきましたが、僕も足が震えて仕方がない試合を体験しています。それは、二度ありました。

最初が高校1年の夏に初めて甲子園に出場した時です。先輩たちのお陰で、高校に入って4カ月で憧れの甲子園に来られたのです。平常心で、と思っても足が震えるのが分かりました。

二度目は1994年の最終戦、いわゆる「10・8決戦」。ペナントレース最終戦での中日との対戦は、勝った方がリーグ優勝という大一番でした。試合前日は、ほとんど眠れませんでした。眠れという方が無理な話だったと思います。

このとき僕は20歳でした。プロ2年目。伸び伸びと、好きなようにやっていい立場だったと思います。4番打者には落合博満さん（現中日監督）がどっしりと座っていました。その前の3番を打つ僕は、気楽に打っていい立場だったでしょう。

しかし、僕は自分にプレッシャーをかけていました。「世間から見れば20歳のひよっこだけど、落合さんの前を打つ巨人の3番打者なんだ。20歳だってやれるんだ」という使命感を持っていました。

ほとんど眠れないままにグラウンドに立ち、足が震えました。自分がどうなってしまうのか分からないほどでした。どう気持ちを整理したのか、まったく覚えていません。無我夢中でプレーしただけだと思います。

その試合で、僕はシーズン20号目のホームランを打ちました。目標としていた数字に到達し、チームも優勝を勝ち取れました。この時の経験は非常に大きかったと思います。

大一番に向かうとき、何もプレッシャーを取り除くばかりが最良の方法だとは思いません。ときには思い切って、眠れないほどに、何も考えられないほどにプレッシャーを感じる経験があってもいいのでしょう。

以後の僕には「あのときだってできたんだ」「あの10・8でもプレーできたんだ」という無形の自信がついたように思います。大リーグにデビューしたときも、ヤンキースタジアムで初めてプレーしたときも、ワールドシリーズに出場したときも、10・8のときほど足が震えることはありませんでした。

有効な目標の立て方

僕は一歩ずつ階段を上っていくタイプだと思います。急激にすごい数字を残すとか、すごい技術を身につけるとか、そういうことは恐らくないでしょう。一進一退を繰り返しながら、ちょっとずつ進歩していくしかないと思っています。

そして、きっちり階段を上っていくためには、「夢」と呼べるような大きな目標だけでは足りません。今年の目標、今月の目標、今日の目標と、まずは身近な目標を定めるようにしています。目標は数字ではなく、具体的な行動にした方が目安になります。

大リーグへ移籍した当初、僕は大リーグ投手が持つ独特のクセ球に悩みました。外角へのボールが、沈むようにして、さらに外へ落ちていくのです。大リーグは、ただでさえ日本より外角に広くストライクを取る傾向があります。何度打ち取られても、そのクセ球につられてバットを出してしまい、セカンドゴロになってしまいました。「ゴロ王」と呼ばれた由縁《ゆえん》もここにあります。

究極の目標としては、そのような球もスタンドまで運びたい、ホームランにしたい。

しかし、急にホームランを打てるようになるはずがありません。それでは、何をすべきでしょうか。

僕はまず、外のストライクゾーンを見極めることを目標としました。外に広いといっても、ボール球にまで手を出す必要はありません。そして次に、左方向へ強い打球を飛ばそうと考えました。こうして外の球をヒットにできれば、相手投手の攻め方が変わってきます。「松井は外角球もヒットにする」と思えば、内角を攻めてくるでしょう。そうなれば甘い球も出てきます。そして、その球を逃さず捕らえれば、ホームランだって打てるはずです。

もちろんこれは、頭で考えた理屈で、実際にはこんなに簡単にはいきません。でも、このように考えれば、日々努力する具体的な内容が分かります。打てずとも、混乱に陥ることは少なくなります。

高校時代は、山下監督から毎年目標を与えられました。

１年のときに「石川県ナンバーワンのホームランバッターになれ」と言われ、よし、なってやろうと思いました。２年になると「北信越ナンバーワンのホームランバッターになれ」と言われました。同じように、よし、と思いました。そして3年になると「全国ナンバーワンのホームランバッターになれ」と言われました。

監督の期待通りになれたかどうかは分かりません。でも、さすが山下監督です。非常に巧みな目標設定により、僕は常に緊張感を持って野球に臨めたと思います。

もし1年のときに「全国ナンバーワンになれ」と言われたらどうでしょう。それはなりたいですけど、イメージがわきません。高校野球のレベルがどのくらいで、どんなバッターがいるのかも知らないのです。「夢」であって「目標」にはなりません。

しかし、甲子園を体験していくごとに全国のレベルも分かってきました。他県の素晴らしいバッターを間近に見ることができ、そうなると「全国ナンバーワン」という目標も、具体性を帯びてきました。「あのボールを打ち損じているようではナンバーワンにはなれない」というように。

山下監督には、野球だけではなく、人生の指針となるような言葉も教えてもらいました。星稜高校の一塁側ベンチや室内練習場には、こんな言葉が掲げられていました。

心が変われば行動が変わる
行動が変われば習慣が変わる
習慣が変われば人格が変わる
人格が変われば運命が変わる

高校時代には、あまり意味が分かっていなかったかもしれません。しかし、卒業してプロ野球の世界に入り、大リーグに入り、年を重ねていくにつれて少しずつ理解できるようになってきました。今も自分の心の中で輝く言葉です。

自分が変われば運命も変えられる。そう思えば、とことん努力をしてみるのもいいのではないでしょうか。

第4章　思考で素質をおぎなう

「ベースボール」の洗礼

これまでしてきた日本の「野球」と大リーグの「ベースボール」は、まったく違うスポーツ、根本的なアプローチから考え直さないと、とんでもないことになる――。

２００３年、大リーグでプレーしはじめた僕は、ハンマーで頭を叩かれたような衝撃を受けました。そう感じた理由は、大きく分けて二つあります。

ひとつは、「ツーシーム」と呼ばれる大リーグ独特の速球に苦しんだことです。日本の投手が投げる速球は手元でホップする、どちらかといえば、素直な回転のボールが多い。「フォーシーム」と呼ばれるものです。けれども、大リーグには、クセのある速球を投げるピッチャーがたくさんいます。その中のひとつ、シュート回転しながら打者の手元で沈む速球がツーシームです。

打者は打つとき、投手の投げるボールの軌道をある程度、予測してスイングを開始します。ボールが来てから振ったのでは間に合わない。こういう球筋だろうと予測して振り始めるのです。

ところがツーシームは、自分ではとらえたつもりでも、ボールの上っ面を叩いてしまう。そうすると、自然と一塁や二塁方向へのゴロが増え、５月には、打率も２割５分まで低下してしまいました。そして、先にもご紹介しましたが「ゴロ王」とニューヨークタイムズに叩かれ、スタインブレナー・オーナーの「あんなパワーのない打者と契約した覚えはない」というコメントも掲載されました。

トーリ監督は「ヒデキはチームに貢献してくれている。新聞の記事やオーナーの発言は気にするな」と言ってくれましたが、結果が出ないにもかかわらず連続出場が続いていたことで、トーリ監督をはじめチームに迷惑をかけているのではないかと思ったことも事実です。気持ちを切らしたら、終わってしまう。分かってはいても、しかし、どうしたらよいのか……何かよい方法があったら教えて欲しい、という心境でした。

小学生の頃から野球を続けてきて、自分がどうしたらよいのか分からなくなるほど精神的に追い詰められたのは、初めてだったと思います。

トーリ監督の「もう少しホームベース寄りに立って、外角のボールを強く叩いてみてはどうだろう」というアドバイスで一時的に結果が出たこともありましたが、それで根本的な問題が解決したわけではありません。

もうひとつは、大リーガーのケタ外れのパワーに圧倒されたことです。大リーグで「ホームランバッター」と呼ばれる選手は、少しくらい詰まったり、バットの芯を外したりしても、ボールを軽々とスタンドに運んでしまう。日米野球や大リーグ中継などを通して、大リーガーの凄まじいパワーは分かっていたつもりでしたが、スプリングトレーニングで彼らのバッティングを目《ま》の当たりにして、「大リーグの中で自分はホームランバッターではない」と改めて思いました。

米国では、日本にいたときのようにチームも首脳陣もファンも、僕に本塁打を期待しているわけではない。だからといって、本塁打を捨てるということではありません。自分の中に本塁打へのこだわりは、もちろんあります。ですが、本塁打がすべてではないし、そればかりを追い求めようとは思わない。そういった姿勢を、日本にいたとき以上に明確にしなければならないと思ったのです。

ツーシームという大リーグ独特の速球を高い確率でとらえ、なおかつ強い打球を飛ばすためにはどうしたらよいのだろうか。大リーグ1年目のオフは、それこそ打撃に対するアプローチを根本から見直す必要があると思いました。

手元で変化する速球を正確にとらえるためには、ボールをできるだけ長く見る必要があります。ボールが来てから振り出しては遅いのですが、体の近くまで呼び込めば呼び込むほど、正確にとらえられる確率はアップします。手元で変化するからこそ、ボールをギリギリまで呼び込んで見極めたい。そのためにはどうしたらよいのか。それを考えるところから、スタートしました。

自分に足りないものを知る

1年目のオフ、僕はそれまで以上にウエートトレーニングに力を入れると同時に、体の左半身を鍛えました。左手でキャッチボールをしたり、ときには左手で箸《はし》を持ってみたり……意識して、左手を器用に使えるようにしようと試みたのです。

僕はもともと右利きなので、左手はうまく使えません。しかし、左打ちです。ボールをできるだけ体の近くまで呼び込んでさばくためには、左半身を上手に使う必要があると思ったのです。手元で変化する速球を強引に右方向へ引っ張っても、一塁ゴロや二塁ゴロが増えるだけ。左半身を鍛え、左手をうまく使うことによって、外角に沈むツーシームを手元まで呼び込んで左方向に強く弾き返す。そんな打撃が必要だと思いました。

大リーグのホームランバッターのように、とてつもなく大きな本塁打を量産することはできないかもしれない。彼らとは体も、パワーも、スイングスピードも違います。

しかし、正しい考え方に基づいたトレーニングと技術によって、パワーやスピードの差をある程度、縮めることはできるだろう。1年目に痛い目にあったツーシームを高い確率でとらえ、なおかつ強い打球を飛ばすことは可能だと考えたのです。

前にも書きましたが、僕は決して器用ではありません。野球の素質がある方だとも思わない。人より器用で素質があったならば、大リーグ1年目でも、ツーシームにあれだけ苦しむこともなかったに違いありません。あのときは、本当にどうしたらよいか分からないくらい悩みました。

それでも、こんなはずではない、自分は日本で50本打ったのだから、たまたま結果が出ないだけ、そのうち打てるようになるさと思っているうちは、おそらく、ずっと悪い状態が続いていたでしょう。

日本でプレーしていたときもそうでしたが、重要なのは、自分は不器用で野球の素質もないのだと認識すること、つまり己を知り、力の足りない自分自身を受け入れることだと思うのです。

ギリシャの哲学者ソクラテスは「無知の知」を説きました。彼は、有限な存在である人間にとっては、多少の知識を持っていることより、むしろ自分の無知を自覚し、それを契機としてほんとうの知識を求めることの方が、より大きな意味を持つということを指摘しました。この考え方には、非常に共感します。

だれでも、自分には素質や能力がないとは思いたくないでしょう。僕だってそうです。他のことならともかく、大好きな野球にかけては、自分の思うようなパフォーマンスをしたい。

しかし、やろうと思ってもできないのだから仕方がありません。自分が技術もパワーもない選手なのだと受け入れることは、勇気がいることです。正直に言えば辛い。辛いのだけれど、置かれた状況やありのままの姿を受け入れなければ前に進めないし、問題も解決しません。

たまたま結果が出ないということも、もちろんあります。そんなときにバタバタすれば深みにはまるだけです。でも、明らかに問題があるのに、いつまでたってもこんなはずではないと思っているうちは、おそらくもがき続けることになる。だとしたら、根本的な解決の糸口を見つける以外にないと思うのです。

オフのウエートトレーニングによって、2、3カ月の間に、体重は10数キロ増えました。そして2年目、米フロリダ州タンパで行われたスプリングトレーニング。フリー打撃のときにセンターからレフト方向にかけての打球の飛距離が若干、伸びたかなとは感じました。それでも、ほんの少しです。

十代の頃ならともかく、トレーニングによって打球の飛距離がグンと伸びるとか、技術が飛躍的に向上するとか、そういった変化はまず期待できない。いまからどれだけ多くの練習を積んだからといって、例えばバリー・ボンズのようなパワーや、イチローさんのような、打球を正確にコンタクトする技術を身に付けることは、おそらく不可能に違いありません。しかし、考え方次第で、これまで以上にボールを確実に、なおかつ強くとらえることができると信じています。これまでも、そうやってきたのですから。

大リーグ1年目、ツーシームに手を焼いたことで、僕は改めて自分は器用ではないし、素質がないと痛感しました。きれい事や謙遜ではありません。本当にそう感じ、辛かったからこそ、二度とあんな思いはしたくない。だから、あえて力不足の自分を受け入れ、現状を打破したいと必死になるのです。

スランプ対処法

2005年のシーズン序盤、僕はトレードでヤンキースからオークランド・アスレチックスに放出されました。もちろん現実ではありません。夢の中で、です。僕はときどき、色付きの夢をみるのですが、なぜだか分からないけれど、アスレチックスのチームカラーであるグリーンのアンダーシャツを着て、グラウンドに立っていたのです。

この年、開幕シリーズで本塁打を3本打って以降、1カ月以上、本塁打が出ませんでした。夢をみたのはそんなときのことです。

僕は、結果が出なくて、夜、うなされたことなどありません。寝ているときのことだから正確には分かりませんが、うなされて目が覚めたという記憶は、少なくともありません。

以前対談したとき、イチローさんは「吐き気を催すことがある」と言っていましたが、僕は精神的にそこまで追い詰められたことはないです。トレードされた夢をみたくらいですから、危機感がまったくなかったわけではないと思うのですが。

1カ月以上、本塁打が出なかった3年目のこのときも、1年目にツーシームで苦しんだときのような状態ではありませんでした。それはおそらく、自分である程度、どういうところが悪いのか、分かっていたからだと思います。ただ、分かっていてもすぐにはよくならない。そういう意味のスランプなら、しょっちゅうあります。

本塁打が出ないからといって、これから先もずっと打てないのではないか、と不安になったりはしません。よい状態ではないけれど、本塁打を打てないわけじゃない。もう少しで本塁打という当たりもたくさんあったし、たまたま出ていないだけだ。そう考えて、そんなに悲観はしません。

状態がよいからといって結果が出るとは限らないし、逆に悪いからといって打てないとも限らない。野球というのは、そういうものだと割り切っています。

そんなときにも、いつも気を付けているのは、打撃に対する自分のアプローチを変えないこと。何度も言いますが、これは重要です。悪い部分は修正していくけど、根本的な考え方や取り組み方は決して変えない。結果が出ないからと基本的な部分まで変えてしまうと、これはもう、本当に収拾がつかなくなってしまいます。

もちろん、自分の打席を撮影したビデオを見たり、コーチのアドバイスを仰いだりはします。知らず知らずのうちにポイントがズレていたり、打撃のメカニズムが微妙に狂っていたりということがありますから、自分の内側だけでなく、外側からも見ないと実像はつかめません。

そうして、細かい部分を変えたり、修正したりしていくうちに、僕の場合はボールの見え方が多少、変わってくるんです。ボールが、しっかりと引き込めるように見えてくる。例えば同じ球でも、0・00何秒か長く見えているような感覚になるんです。そしてボールを長く見られる余裕が生まれる分だけ、しっかり振れる。これは、非常に感覚的なことで分かりづらいと思いますが、そうなのです。

僕の場合、よくなる直接のきっかけというものは、あまりありません。イチローさんは、あの打席のセカンドゴロがきっかけだった、ということがあるそうですが、僕はそこまで感じられない。もしかしたら、自分でも意識していないところで何らかのきっかけを感じているのかもしれません。でも、この試合のこの打席で、というのではなく、徐々によくなっていく感じです。イチローさんは、それだけ感覚が鋭いのでしょう。

結果が出ないときにグラウンド外で心掛けているのは、おいしい物を食べて、ぐっすり寝ることとくらいでしょうか。イチローさんは苦しくて、寝ているときに泣いたこともあるそうです。「お前さァ、本当にそんなんでいいの?」とからかわれましたけど、そこまで思い詰めることはありません。

気をつけたいのは、結果が出ないからといって、思考の軸になる部分までいじってしまうことです。ですから、スランプになったときにどう対処するかではなく、まず、スランプに陥らないために、できる限りの準備をしようと考えています。

しかし、やれる範囲の備えをやったつもりでも、結果が出ないケースはよくあります。そのようなスランプになったときでも、思考やスタンスがブレないように、自分の根幹の部分を日頃から強固にしておく、鍛えておくことが大事だと思っています。

勝負強さを決めるもの

バッターにとって、どうにもならないケースというのはあります。人はどうか分かりませんが、少なくとも僕には、あそこによい球を投げられたらお手上げだ、というのがあります。具体的には企業秘密ですが、こういうケースで、このコースに、その投手の決め球を投げられたら、バットの芯でとらえて、かつ強い打球を飛ばす可能性はかなり低いということです。

バッターは全打席、それこそ10割打ちたいと思ってプレーしています。いかにして10割に近付けるかを考えて、毎日努力していますが、それでもどうにもならない部分というのがあるのです。

しかしまた、10割打者がいないように、どんなに優れた投手でも、失投はあります。よい打者は失投を見逃さない。というより、失投を少しでも高い確率で、正確に、強くとらえられるのがよい打者の条件である、と言えるかもしれません。

知り合いのアマチュア野球関係者が、かつてこぼしていました。そのチームは、都道府県大会の決勝とか準決勝とか、あと一歩で全国大会に進めるところまでいくようになった。しかし、「あと一歩」が壁になって、なかなか全国大会に行けないというのです。

地区予選の決勝戦、同点で迎えた9回表1死満塁、1点取れば勝ち越しという場面で、打者が三邪飛と空振り三振に倒れたそうです。チャンスで勝ち越せないまま、その裏にサヨナラ負け。またしてもそのチームは全国大会出場を逃し、監督は「うちの選手は本当に勝負に弱い」と頭を抱えていました。

よく、「勝負強い」、「弱い」という言葉を耳にします。自分ではあまり考えたことはありませんが、「松井は勝負強い」と言ってもらえることもあります。チャンスで結果を出せる選手が勝負強く、結果を出せない選手が勝負に弱い、ということになるのでしょうか。ならば、それを決めるのは何でしょうか。

野球は勝負事ですから、もちろん運も左右すると思います。運が悪く、たまたまチャンスで結果が出ないということはあるでしょう。

けれども、結果が出ないのは、ただ運が悪いだけではない場合がほとんどです。もし、そのアマチュアチームの監督が、チームが勝負に弱いのを運が原因だと考えていれば、いつになっても全国大会には進めないでしょう。

運ではなく、そういう肝心な場面で、選手が点を取れる確率の高い打撃を意識できているかどうか。逆に守りでは、点をやらずにしのげる確率の高いディフェンスができているかどうか。それが、強いチームと弱いチームの差だと思うのです。

僕たち選手個人もまさに同様で、重要なのは、そうした場面で、いかにして点につながる確率の高い打撃ができるか。

同点の9回1死満塁、何が何でも点が欲しい場面です。打者は、相手投手の得意な球や投球の傾向、相手野手の守備陣形……など、様々なことを踏まえ、点を取るのに最も確率の高い打撃はなにかを整理して打席に入ります。重要なのは、そうした備えをして打席に入っているかどうかです。

そのアマチュアチームは、チャンスで三邪飛と空振り三振だった。最後の打者は、速球も変化球も食らいつくようにして振りにいったけど、バットは空を切ってしまったそうです。なんとかして点を取りたいがゆえに、どんなボールでも打ち返してやろう、と思う気持ちは分かります。

しかし、そういう重要な場面だからこそ、打席に向かう時点で頭の中を整理しておく必要があると思うのです。例えばツーストライクまではカウントを取りにくるストレートに的を絞るとか、必ず投げてくるであろう決め球以外は振らないとか……。相手投手によって臨むスタンスはもちろん変わってきますが、できる限りの知恵を振り絞って自分なりの結論を出したら、あとは迷わない。結果として三振をしても構わない。それくらいの信念をもって、打席に入れるかどうかではないでしょうか。

同点の9回1死満塁でマウンドにいるような投手は、よい投手である場合が多いでしょう。どんな打者でも、一流投手に完璧な攻め方をされたら、そう簡単には打てません。むしろ打てる確率の方が低い。だったらなおさら、どういう打撃をするのか、自分なりのスタンスをはっきりさせる必要があります。大リーグでも「勝負強い」といわれる打者は、打席に入るまでの準備がしっかりできているような気がします。

仮に「勝負強さ」というものがあるとすれば、それは運というより、考え方とか技術的なものでしょう。つまり、思考や練習によって磨けるものなのです。

自分なりの準備をして打席に入ったけれど、投手に自分の思考を上回る攻め方をされたら、これはもう仕方がない。投手の失投や狙っていたボールを打ち損じたというなら別ですが、全知全能を使って打席に入り、それを上回る投球をされたら、ファンのブーイングを浴びようと、相手が上だったと諦めます。潔いというのではなく、ベストを尽くした結果なのだから仕方がない。そう思えるほど、打席に入るまでの準備をしっかりしていきたいと常に思っています。

まずは足場を固める

準備が大切なのは、野球に限ったことではありません。受験勉強や資格試験、会社の昇進試験だってそうだと思います。

外角高めのストレートから内角低めの変化球まで、投手の投げてくるボールには無数の組み合わせがあるように、試験勉強の範囲は膨大になるでしょう。そのすべてを網羅しようと思ったら、それこそ気の遠くなるような作業になってしまいます。

これまで数々の記録を打ち立ててきた大リーグのいかなる名打者であろうと、苦手なコースなり球種はあったはずです。それに加えて、投手が投げてくる可能性のあるすべてのボールに備えようとしたら、とてもじゃないけど対処しきれません。

ただ、試験にも傾向があるように、無数の組み合わせがある投手の投げる球でも、状況や相性などによって、実際に投げてくる確率が高いボールというのがあります。だったら、そう予測できるボールや、自分が得意なボールを確実にものにするにはどうしたらよいか。その部分からスタートした方が、結果としてよい成績を残せるのではないかと思うのです。

有り体《てい》に言うと、ヤマをはるということになるのでしょうか。「想定外」のボールが来たら、極端な言い方をすれば、諦めたって構わない。そのかわり、予想できる「想定内」のボールは、絶対にミスをせず確実に攻略していく。そのための準備を、努力しておこなうのです。

打者はストライク3つでアウトになります。ということは、自分がほぼ100%攻略できるであろうボールがくるまで、少なくとも3球の猶予が与えられているわけです。3球ともすべて苦手なボールだったり、予想外の攻め方をされたり、というケースはもちろんあります。けれども、1球くらいは自分のツボにくる可能性はあるし、投手もミスはします。そういったボールをいかにして確実に攻略するか。

野球は相手があるスポーツです。たとえ自分の調子がよくても、投手に完璧に攻められたら手も足も出ない。でも僕は、相手があるスポーツだからこそ、自分自身を鍛え、磨くことの意味があると考えています。

毎年、開幕に向けて、トレーニングを積んでいきます。最初は素振りやティー打撃、その次に近くからトスをしてもらったボールを打ち返すトス打撃、そしてコーチがマウンド付近から投げた球を打ち返すフリー打撃……。そうやって、徐々に実戦に近い練習を取り入れ、投手が実戦で投げるボールをとらえられるように訓練していきます。

その中でも、僕が最も力を入れているのは、素振りやティー打撃です。打つときに体の軸がブレないようにするにはどうしたらよいか、下半身はどのように使うのがよいのか、左手はどう使うのか……。

練習するときは、色々なテーマを持ってやります。試験勉強は、問題を解いてみて、できないものがあれば、なぜ間違ったのかを考え、次は正しい答えを導き出せるよう繰り返し問題を解いていくでしょう。野球の練習も同じで、頭で考えているイメージや理論を自分のものにするために、何度も反復して行います。思ったり考えたりしているだけでは、本当に自分のものにはならないし、身に付きません。食べ物をよく噛んで飲み込まなければ身にならないのと同じで、素振りやティー打撃は、自分の考え方やイメージを咀嚼《そしゃく》するための作業ともいえるでしょう。

実戦で150キロのボールに対しているときは、感覚としては、ただ来た球を打つだけなのです。下半身や左手の使い方がどうだとか、改めて考えている余裕はありません。なので、対戦してもいない相手がどう攻めてくるかをあれこれ考えるより、まず自分の足場を固める、自分のスタンスを決め、打席でのアプローチを明確にする必要があると思うのです。

いきなり応用問題にぶつかっても解けないし、仮に解けても、理論的な裏付けがなければ、次に同じ問題が出てきても正解を出せる保証はありません。それと同じで、野球も、まずは自分の打撃について、頭の中で整然とさせておく必要があると思うのです。

自分の足場を固めながら、少しずつ実戦に即した練習を取り入れていく。そして、納得のいかない部分が出てくれば、再び素振りやティー打撃に戻って、自分の考え方やスタンスをハッキリさせる。そうすることで、頭の中で考えていることやイメージと、実際に出てくる感覚のズレや誤差を少しずつ修正していきます。

この作業は、シーズンが始まって実戦に入ってからも同様です。状態が悪いと思えば、自分の中の確認作業となる素振りやティー打撃を通じて、修正していきます。

日本にいるときは、とにかく、素振りを欠かしませんでした。長嶋監督から素振りの重要性を学び、試合後の東京ドームはもちろん、田園調布にある監督の自宅地下室、ときには遠征先のホテルの監督の部屋などで素振りに付き合っていただいたことは前記した通りです。

大リーグ1年目のツーシームに苦しんでいた頃、ちょうどニューヨークに来ていた監督の泊まっているホテルの部屋で素振りをしたこともあります。朝の遅い僕が寝ていると、日本から到着したばかりの監督から「松井、スイングやるぞ！」というお声が掛かりました。そこで、ヤンキースタジアムに向かう途中に立ち寄ったのです。

僕にとって、素振りやティー打撃は、思考やイメージを具現化するのに最も適した作業です。ただでさえ自分で抱くイメージと実際の動きにはズレが生じやすいものなのに、野球はそこに、動いているボールをとらえるという、外的要素が加わります。根幹の部分がしっかりしていないと、本当に収拾がつかなくなってしまう。自分だけでなく相手にも対処しなければならないスポーツだからこそ、素振りやティー打撃は大切にしたいと考えています。

相手を知る大切さ

自分の打撃を確立、確認する作業を技術的な備えだとすれば、相手に対する心の備えも必要です。自分の打撃をしたいから、相手の特徴や傾向を知る。投手を自分の土俵に引っ張り込んで勝負するためには、持ち球とか、球質といった特徴はもちろん、自分がどういう場面でどう対応してどういう結果になったかということは、最低限、頭に入れておかなければならないと思います。でないと、何度も同じ間違いをするし、同じ相手にやられることになりますから。

日本にいたときは、対戦する投手の数が限られていました。各球団の先発を５人としても、25人の特徴を覚えておけば、先発に対する備えはできます。テレビ番組で以前、日本で打ったすべての本塁打について、いつ、どこで、だれのどんな球種を打ったか、覚えているかどうかをテストされたことがあります。その時は、問題に出された打席を、すべて正解することができました。

しかし、大リーグは対戦する投手の絶対数が違います。アメリカン・リーグだけでもヤンキースを除く13球団と対戦するわけですから、先発投手だけで65人、リリーフ投手を含めれば膨大な数の投手と戦うことになる。これにインターリーグ（交流試合）で対戦する投手や、トレードで新たに加入してくる投手を加えたら、投手すべての特徴を記憶するのは、まさしく気の遠くなるような作業です。

年を加えるごとに肉体の成長の度合いが緩《ゆる》やかになるように、記憶力も次第に衰えてきます。すべての打席を記憶するのは、至難の業《わざ》といえるかもしれません。記憶力が衰えてくるかわりに、経験も踏まえた思考や考え方は加齢とともによいものになっていくと思っていますが、それだけではカバーし切れなくなってきます。

なので、大リーグでプレーするようになってからは、メモをつけることもあります。チャンスで悔しい思いをしたなど、脳裏に焼き付いていることは忘れていませんが、メモを見て、より鮮明に相手を思い出すケースもあります。具体的な内容は言えませんが、他愛もないことをちょこちょこと書き記すようにはなりました。

もちろん、苦手なタイプというか、自分の打撃がしづらい投手はいます。けれどもやはり、苦手なままというのはよくないと思うんです。自分の打撃ができて、それでも攻略できないということはあります。そのときは、相手が自分の力を上回ったということですから、納得できる。でも、対戦したことのある相手の特徴を忘れてしまったことが原因で自分の土俵で戦えなかった、というのは勝負以前の問題だと思うのです。

今年、西海岸で行われた開幕戦に、僕は宮本武蔵の『五輪書』を持参しました。勝負に勝ち続けた剣豪が、戦いの極意をしたためた書です。全5巻で構成されていますが、その中の「風の巻」には、他の兵法の流儀がしるされています。相手を知ることは己を知ることにつながるし、自分の力を発揮するためにも相手を知ることが重要なのだということではないでしょうか。

何度も言っていますが、僕はどんな相手だろうと、自分のスタンスや考え方を変えることはありません。勝負はあくまで自分の土俵でしたい。自分のアプローチは変えたくないけど、でも相手を知らなければ、十分な準備はできません。一度、抑えられた相手についても同様で、再びやられてしまうことのないよう、今度こそ自分の土俵で勝負するために、対戦相手に関してはしっかりと把握しておく必要があると思うのです。

激務に耐える身体づくり

大リーグ１年目、最初はとにかく戸惑いました。食習慣は違うし、試合数が１６２試合と多い。休みもほとんどありません。１年目の開幕後は目覚まし時計を三つ鳴らしても起きられないことがあったくらいです。

アメリカに来て、蓄積された疲労を取り除くというか、いかにして体力を温存するか、ということを必然的に考えるようになりました。

バットは自宅に置いてあるし、ふと何かを思いついて試してみたくなったりしたときには、いつでも握るようにはしています。けれども、移動の連続で毎日の素振りが物理的、肉体的に不可能になったことも事実です。

ただ、素振りで確かめることを、球場のティー打撃で代用することはできます。アメリカに来て、日本にいたときほど素振りをしなくなったというより、ティー打撃を重点的にやるようになったということでしょうか。

自分の内側をしっかりと固めるための技術的な備え、どんな相手なのかを自分なりに把握する心の備えに加えて、体の備えも重要です。

162試合を戦い、なおかつプレーオフを勝ち抜くためには、日本にいたとき以上に、強靭なスタミナと体力が要求されます。大リーグでプレーしてみて、コンディショニングの重要性を改めて痛感しました。技術や心を生かすための体を備えておくことが、なによりも大切だといえるかもしれません。

ですから、アメリカでもトレーニングによる体力や筋力の強化は続けていますし、疲労がたまったり、体におかしな部分が出てきたりすれば、整体治療もします。

そういったトレーニングの一環として、僕は日本にいたときからＰＮＦ（神経筋促進法）を取り入れています。これは、もともと１９４０年代、アメリカで脳卒中を患った人たちのリハビリの一環として行われた治療で、神経筋を正常に反応させる訓練として用いられたと聞いています。

簡単に言えば、反射神経などの神経筋を鍛えるトレーニングです。例えば指を動かすためには、まず脳が指令を出し、神経筋を通じて指先に伝えます。その経路を優れたものにし、指を動かしたいと思ってから実際に動かすまでの時間を短縮する。ＰＮＦにはそうした効果があるそうです。

打者は瞬時に、様々な状況に対応しなければなりません。投手の投げるボールに対応しながら、頭の中でイメージしたスイングをする必要があります。０・何秒の間に、やらなければならないことがたくさんある。そうすると、思ったことを即座にできるかどうかが重要になってきます。

また、瞬発力や反射神経を鍛えれば、しなくても済む怪我を未然に防ぐこともできます。今回の左手首を骨折したようなケースは防ぎようがなかったと思いますが、神経筋を鍛えることで、例えば死球を防ぐことも、ある程度は可能になるでしょう。故意の死球は別です。最初から狙って投げられたら、いくら上手にかわそうと思っても避《よ》けるのは不可能です。あれは、防ぎようがありません。

けれども、故意でない限り、とっさに避けられるだけの反射神経があれば、当たらなくて済む確率は高くなると思うのです。死球を未然に防ぐのが目的でＰＮＦに取り組んでいるわけではありませんが、当たらないに越したことはありません。

知人に、癌を心配している方がいます。その人は父親と祖母を大腸癌で亡くした、だから自分は癌になりやすい体質だというのです。そういう体質があるのかどうかはよく分かりませんが、その人は年に一度、必ず大腸の内視鏡検査を受け、ポリープが見つかれば切除しているそうです。たとえ良性のポリープだとしても、やがて悪性の腫瘍、つまり癌になる可能性があるからだといいます。食事も、野菜や繊維質のものを多く摂るようにしているそうです。

だから癌にならないということではないでしょうし、知人も、それで完全に癌が防げると思ってはいないと思います。けれど、癌を患う可能性はできるだけ低くしておきたい。その人がやっているのは、癌に対する備えだと言えます。

ＰＮＦに取り組むことで、怪我をする確率を低くすることはできる。つまり、体の備えにもつながっています。左手首の骨折で日本にいたときから続いていた連続試合出場は途切れましたが、球場に足を運んでくれるファンのためにも、試合には可能な限り元気で出続けたい。そのためにも、ＰＮＦも含めて、体の備えは大切です。

節制と誘惑

食事は体の備えの中で、特に重要な要素を占めていると思います。前にも触れましたが、アメリカで生活するようになって、最初に苦労したのが食事でした。僕の好物である、新鮮な魚介類やおいしい和食を食べられる店が少なかったのです。

しかしそのうち、おいしくない和食を食べるなら、比較的、舌に合う香辛料を使うアジア料理の方がよほど満足感を得られるし、ストレスにもならないことが分かりました。

リハビリでも足を運んだキャンプ地のフロリダ州タンパでは、ベトナム、タイ、中華料理などをローテーションで食べることが増えました。「フォー」といって、米からできた麺や生春巻きなどがあるベトナム料理を3日連続で平らげ、「3打数3安打」と大満足だったこともあるくらいです。

ただ、直接、体に入れるものだけに、食べ物には気を使っています。たまに出掛ける韓国レストランには、茹でた豚肉やにんにく、青唐辛子、生牡蠣《なまがき》を野菜で包んで食べる料理があり、一緒に食事をする知人たちはおいしそうに食べています。僕も食べたいのですが、生の牡蠣はやっぱり怖いと思ってしまう。日本のよく知っている店ならともかく、もしあたったりしたら、お店にも周囲にも迷惑を掛けることになるし、何よりベストの体調で試合に臨めません。牡蠣は好きですが、あれこれ心配しながら食べるくらいなら、最初から箸をつけない方がよっぽど潔いと思うのです。

知人に以前、焼き餃子をごちそうになったことがあります。手作りでおいしかったのだけれど、既製のタレが出てきたので、できればしょうゆと酢が欲しいとリクエストしました。既製のタレが嫌いなわけではありませんが、化学調味料などが含まれていることが多いでしょう。だったら、しょうゆと酢だけで味わった方が、体にもよいだろうし、餃子そのものの味を楽しめると思ったのです。

米球界では近年、筋肉増強剤の使用が問題視されています。ルール上、禁止されているのだから、使用は許されません。言語道断です。野球選手はだれだって人より速い球を投げたいし、打球を遠くに飛ばしたい。プロのアスリートである以上、グラウンドでより優れたパフォーマンスを発揮したいと考えるのは自然な欲求です。

僕もより高い確率で強い打球を飛ばすために、あれこれ考えたり、トレーニングを積んだりしています。でも、クスリの力を借りようとは思わない。クスリを使ってパフォーマンスを上げようという考え方は、まずスポーツマンとしてフェアではありません。それがクスリを使おうと思わない何よりも大きな理由ですが、副作用が怖いことも事実です。

筋肉増強剤を使うと、肝臓や腎臓などの内臓に大きな負担がかかるそうです。野球選手は体が資本です。クスリの使用で一時的なパフォーマンスは上がっても、体自体にダメージを与え選手寿命を縮めてしまっては、それこそ本末転倒です。害になる可能性のあるものは、極力体に入れたくありません。

風邪をひいたときにできるだけ薬を飲まないように心掛けているのも、同様の理由からです。風邪はひかないに越したことはありません。日頃から体調管理には気を配り、節制しているつもりですが、ひいてしまうことはある。そのときも抗生物質など、内臓に負担をかける可能性のある強い薬はできるだけ飲まないで治すようにしています。栄養価の高いものを食べて、睡眠をたっぷりとる。人間の体にはもともと自然治癒力が備わっているのですから、インフルエンザなどでどうしても仕方がないという場合は除き、薬の使用は極力控えています。

そうやって日頃から気を使っていますが、誘惑に負けてしまうこともあります。僕は、甘いものに目がありません。和菓子やケーキやアイスクリームなどは大好物です。特にアメリカは、甘いものがとにかくおいしい。でも、おいしいからといって食べたいだけ食べていれば、あっという間に体重が増えてしまいます。体重が増えれば、自然と怪我をしやすくなります。

そう分かってはいても、ついつい手を伸ばしてしまう。甘いものを含めて、でもまあ、これくらいなら体も大目に見てくれるだろうと、都合よく解釈してしまうことがないとはいえません。

継続は力なり

小学生のとき父からもらった、「努力できることが才能である」という言葉。

努力の大切さは、だれでも分かっていると思います。歌が上手な人がこれまで以上に歌唱力を磨こうと思ったら、自分に足りないのはどんな部分で、そこを鍛えるにはどうしたらよいかを考える。現状を分析し、向上するために何をするべきか、自分なりの答えを出していきます。そして、その答えが正しいとしたら、あとは汗を流して努力するしかありません。

しかも、努力は継続してやらなければ、結果が伴わない場合が多い。父はそうやって、来る日も来る日もバットを振り続けた僕を、励ましてくれたのだと思います。

ヤンキースにアレックス・ロドリゲスという選手がいます。「A・ロッド」と呼ばれる三塁手です。27億円の年俸は大リーグナンバーワン。走攻守と三拍子揃い、打球を遠くに飛ばすことにかけては、天性の素質をもっています。

そんな彼が、とにかくよく練習をします。毎年2月にタンパで行われるスプリングトレーニングでも、だれよりも早く球場入りします。毎朝7時に来て練習に付き添っていたコーチが、しまいには悲鳴を上げたそうです。A・ロッドは自分に足りない部分、あるいは努力すればおぎなえると感じるところを、練習によって埋めようと考えているのだと思います。A・ロッドほどの才能の持ち主でも、自分を向上させるために人一倍、努力をしているのです。

アメリカには世界中から優れた選手たちが集まってきます。その中でも、大リーグにいるような選手たちは、ごく限られた人たちを除いては、素質や能力にそう大きな違いはないと思います。差が出てくるとしたら、自分になにが欠けているのかを正確に受け入れ、それをおぎなうための正しい思考を持っているかどうか。そして、おぎなう努力を継続していけるかどうか、だと思います。

ニューヨークで知人と食事をしたときのことです。腕時計の針は深夜2時を回っていました。これから自宅に戻って、寝る前にトレーニングをするというと、その人は驚いた顔をしていました。でも、僕たちアスリートにとって、トレーニングは生活の一部。どんなに帰りが遅くなっても、やらない方がむしろ不自然なのです。

僕は野球が好きです。好きだし、とにかく勝ちたくて仕方がない。星稜高校、巨人、そしてヤンキース……。これまでどこにいても、常にチームが勝つことが最大の目標でしたし、それは、これから先もずっと変わらないでしょう。心の底から勝ちたいと、いつも思っています。

報道陣の方たちとたまに草野球をするとき、僕はピッチャーをやります。本気で投げます。「大リーガーがオレたち相手にマジに投げるなよなぁ」とからかわれますが、極端な言い方をすれば、たとえ草野球だって負けたくありません。

好きな野球で常に勝ちたい。「好きこそものの上手なれ」とよく言います。ありふれた言葉でも、物事の核心をついていると思います。僕は野球が好きで、心から勝ちたいと思っているから、そのために自分がどうやってパフォーマンスを上げたらよいかを必死で考える。そして、何かを犠牲にしてでも汗を流そうと思う。

これは、どんなことでも同じだと思います。よい医師になろうと思ったら、そのために必要なことは何かを真剣に考えるし、努力もするでしょう。よい医師になれるかどうかの最大のポイントは、才能よりもむしろ、そうなりたいという欲がどれくらい強いかだと思うんです。心からそうなりたいと思えば、その過程で自分に欠けているものが何かを考え、それをおぎなうための努力をする。野球選手も一緒で、野球が本当に好きで絶対に勝ちたいと思うかどうかが大事だと思うんです。

チームメイトのデレク・ジーターは僕と年齢が同じで、キャプテンとして、個性派ぞろいのチームをまとめています。

ジーターのすごさは、言葉ではうまく表せませんが、いつでも変わらないというのが、まずあります。自分が打てようが打てまいが、チームが勝とうが負けようが、どんなときでも野球に取り組む姿勢、プレーが変わらないのです。だから、どんなときも弱みをみせない。相手からすると、非常に嫌な選手でしょう。

選手としてはもちろん、人間性も素晴らしいと思います。常にすべてを見渡せる、チーム全体を見渡すことができる。アメリカ人にしては珍しく、といったらアメリカ人に対して失礼になるかもしれませんけど、日本でいう「和」をすごく大切にする男です。だからこそキャプテンをやっているのですが、普段の彼の行動、たたずまい、発言を見聞きしていると、チームを良い方向に導こうという意思や姿勢をすごく感じます。

そして、僕が感じる彼の素晴らしさは、とにかく彼は野球が好きで、心から勝ちたいと考えているということです。勝つために心技体の備えをして実戦に臨んでいるし、スランプになっても動じないだけの軸をしっかり確立している。継続的な努力も欠かさないのでしょう。それが結果として、いつでも変わらない立ち居振る舞いやリーダーシップにつながっているのだと思います。

第5章　師から学んだ柔軟な精神

トーリ監督の野球哲学

2006年10月7日、ヤンキースはプレーオフの地区シリーズでデトロイト・タイガースに敗戦。スタインブレナー・オーナーは怒りの声明を出し、ニューヨークの新聞各紙も「トーリ監督解任」と報じました。

ニューヨークは、結果を出した人に賞賛を惜しまない一方で、そうでなかった人には容赦ありません。しかもヤンキースは、常に勝つことが求められています。またしてもワールドチャンピオンになれなかった、結果を出せなかったわけですから、そういった話が出るのは仕方がないと思います。

しかし、僕にとって、トーリ監督はよき理解者であり、かけがえのない恩師です。4

年前の入団時から温かく、ときには厳しく接してくれた監督が、本当に辞めてしまうのか……。僕の中にあった不安というか、どこか落ち着かない気持ちはしかし、杞憂に終わりました。敗退から3日後の10日、ヤンキースタジアムでトーリ監督の留任会見が行われたのです。

当日は、午後1時頃ヤンキースタジアムに行く予定でした。ロッカールームに置いていた荷物を整理するためです。しかし、トーリ監督の留任会見があると知って、自宅マンションのテレビを思わずヤンキースチャンネルのYESに合わせました。トーリ監督がマイクに向かって「ここに戻ってくることができて嬉しい」と言う姿を見て、これでまた彼を世界一の監督にするチャンスができた、という思いを強くしました。

その2カ月ほど前、骨折で故障者リストに載っていた僕が、タンパのリハビリ施設からチームに合流したときのことです。まだ医師からは両手を使った打撃練習の許可が下りず、トレーナー室で治療をしていました。そこにトーリ監督が入ってきて、僕の横で腕や腰を治療してもらいながら、こんなことを言うのです。

「ドクター！　マツイがさっき、バットを持って勝手に打撃練習をやっていたぞ！　右に左に、そりゃ、すごい打球を飛ばしていた」

部屋にいたスチュアート・ハーション・チームドクターは口をあんぐりと開け、その場はどっと沸きました。監督はおそらく、ナインと合流したものの、復帰のメドも立たずにいる僕が肩身の狭い思いをしているのではないかと気に掛け、場を和ませようとしてくれたのだと思います。

トレーニング室でエアロバイクをこぎながら、「ヘイ、ヒデキ! きょうはスタメンでいけるか?」と声を掛けてもらったこともあります。

トーリ監督は毎日、だれよりも早く球場入りします。現場責任者としてチーム全体を常に把握しているし、僕たち選手や裏方さんたちへの配慮を欠かさない。本当に些細なことなのだけれど、冗談の中にも、すごい気遣いを感じるのです。

ミーティングでは、「自分たちのやれることをやろう」「グラウンドに出たらもっているものを全部出し切ろう」「自分たちを信じてプレーしよう」といった、ともすればありきたりなことしか言いません。でも、そういったアドバイスの根底にあるのは、選手に能力以上のものは求めない、そのかわり持っているものは100%出しなさい、ということなのだと理解しています。

トーリ監督は、そういった野球に対する哲学がどんな時でも変わりません。勝っている時でも、負けている時でも、どういう状況でも、選手に要求するのは、常に１００％の力を出し、それを続けるための備えをしなさい、ということです。

人には欲があります。チャンスで本塁打を打ちたい、試験で満点を取りたい、仕事でだれもが納得するパーフェクトな結果を出したい……。自分にとって１２０％の結果を出せるのに越したことはありません。

でも、仮に１２０％の結果が出てうまくいったとしても、それは確固たる裏付けがあるわけではありません。むしろ、その20％を欲張ったがゆえに自分のスタンスやアプローチが崩れてしまい、80％の結果しか残せないケースもあります。それだったら、最初から１００％、つまり自分の中で日頃から心掛けていることや備えを出し切ることを目標にしたほうがいい。１００％を目指して80％に終わることもありますが、自分のスタンスを崩してしまったら、80どころか60％、いや、40％ほどの結果しか出ないかもしれません。欲をかくことが結果として自分の首を絞める、１００％のパフォーマンスを出せないことにつながる可能性が高いと思うのです。

そういった考え方が自分と合っていると感じますし、トーリ監督の言うことは非常によく理解できます。個性豊かな選手たちを率いてヤンキースを毎年地区優勝させている名監督ですが、個人的にも、素晴らしい指導者だと思っています。

名選手でも名コーチなり

ドン・マッティングリー打撃コーチ（2007年からベンチコーチ）にも、ずいぶん助けられました。彼は僕のよい時と悪い時の違いを、本当によく見ています。

彼は、選手がフリー打撃をしている際、打者の正面から少し後ろ側に立ち、様々なポイントをじっと見つめています。右打者の時は左打席、僕たち左打者の時は右打席に移動して、本当に細かい所まで見ています。そして、状態が悪い時は、よい時と比べてここがこう違う、と的確なアドバイスをしてくれます。そのとき、彼が優れたコーチだと思うのは、引き出しをすごくたくさん持っている点です。

僕は状態が悪くなった時、なぜそうなったのか根本的な原因は分からなくても、どこがおかしいか、分かることがあります。きちんとした原因を自分の中で分析して突きとめない限り、もう一度同じような状態になってしまう可能性はあるのですが、とりあえず、分かっている限りで悪いところを修正したい。そうすれば、状態も上向いてくるかもしれないし、その過程で、悪くなった原因も分かってくるかもしれません。しかしまた、その悪いところが、なかなかすぐには直らないのです。

どうやって修正していけるのか、悩むわけです。そのときに、マッティングリー・コーチは、悪いポイントを直すための様々な練習方法をもっています。こういうときはこうするものだと、ひとつのやり方を押し付けることがない。その練習方法がその選手に合わないと思えば、すぐに別の方法を提示してくれます。それを見極める目が、実に的確だと思います。

そして何より、選手に分かりやすい言葉で伝えてくれる。打者同士であるから、ある程度、感覚で分かり合えることもあります。でも、日本人の僕が理解しようと思ったら、言葉を使って、適切な表現で伝えてもらうのに越したことはありません。考えていることやイメージを、頭の中で嚙み砕いて自分の言葉にし、なおかつ相手が分かりやすい表現で的確に伝える。マッティングリー・コーチは、それが出来る人なのです。

現役時代は、ジーターの前任となるヤンキースのキャプテンを務め、打者としての実績も申し分ありません。よく、「名選手は名コーチにあらず」などといいますが、マッティングリーは、選手としてもコーチとしても、非常に優れていると思います。

野球に対する哲学、物事の考え方に共鳴できる監督やコーチのもとでプレーできるのは、選手としてとても幸せなことですし、自分の技術や思考を磨く上でも大きなプラスになると考えています。

思い込みは禁物

トーリ監督とマッティングリー打撃コーチに共通しているのは、物事を考える上での柔軟な姿勢でしょうか。

マッティングリー・コーチが引き出しをたくさんもっているのには、彼自身が優れた打者であったこともあるでしょう。でも、その根底にあるのは、柔軟性であるように思うのです。

コーチは、選手の意見も聞いたうえで、自分が考えた処方箋で、まず練習をさせます。これは、どのコーチもみな一緒です。最初から最後まで、自分の理論ややり方だけを押し付けようとするコーチも少なくありません。

けれども、マッティングリーはこの先が違います。選手の反応を見ながら、その練習方法が合わないと思ったら、選手の意見も聞いた上で、それなら今度はこういうやり方でやってみようと、違う練習方法を提示してきます。別の処方箋をもってきてくれる。決して自分のやり方を選手に押し付けようとしません。

彼がコーチとして優秀なのは、能力が優れているのはもちろん、考え方が柔軟だからだと思うのです。

トーリ監督も思考が柔軟です。先入観にとらわれず、よいものはよいのだという考え方が徹底しています。だからこそ、個性豊かなスーパースターたちをうまく使いこなせている。また、彼が柔軟なのは、グラウンド内に限りません。監督室ではよく日本茶を飲んでいて、日本の文化にも興味を持っています。

巨人時代、僕が長嶋監督とほとんど毎日、欠かさず素振りを続けていた話を聞いて、自分とジーターとの関係を連想したそうです。でも、トーリ監督は選手としての心構えやスランプからの脱出法など、メンタル面のアドバイスをしたことはあっても、マンツーマンで技術的な指導をし続けたことはないと驚いていました。

そして、師匠から弟子へ、弟子から孫弟子へと技術を受け継いでいく日本伝統の徒弟制度に非常に興味をもち、機会があったらぜひ、自分も日本のやり方を試してみたいものだと話していました。

文化や習慣が違うからといって、最初からはねつけるのではなく、よいものは受け入れようという頭と気持ちの柔軟さ。ヤンキースは、こういった柔軟な思考をもった首脳陣が率いているチームなのです。

「信念は嘘よりも危険な真理の敵である」という言葉がありますが、僕はこの「信念」を、過度の思い込みと置き換えて考えます。

他人の言葉や出来事などを、自分なりに咀嚼《そしゃく》し、理解する作業は必要だと思いますが、それが間違っている場合もあるでしょう。実態とはかけ離れた、もしくは誤った解釈をしてしまっている時は、自分の解釈を修正し、把握し直す必要があります。そうしなければ、いつまでたっても真理はつかめません。自分の考え方やスタンスをコロコロと変えることも問題ですが、思い込みが激しく、頑《かたく》なになってしまうのも、またよくないと思います。

大リーグに移籍した年のオープン戦で、ヤンキースは開幕戦の相手であるトロント・ブルージェイズと対戦しました。相手の先発予定は、エースのロイ・ハラディでした。しかし、開幕カードということもあり、手の内を明かさないという意味で、急遽《きゅうきょ》、先発が３Ａの投手に代わったのですが、僕は投手が代わったことに試合が終わるまで気が付きませんでした。恥ずかしい話ですが、３Ａの投手を、エースのハラディと思い込んだまま、対戦していたのです。試合後、報道陣から真相を聞かされて仰天しました。いまとなっては笑い話ですが、ライバルチームのエースを思い込みによって間違って認識したまま、開幕を迎える可能性もあったわけです。

僕は初対戦の投手に対しては、ビデオやＤＶＤ、データを見るのも参考程度にとどめておきます。打席での、自分の目や印象を大切にしたいからです。映像やデータによる思い込みを防ぐためでもあります。「初物が苦手」な理由も、そのあたりにあるのかもしれません。その代わり、一度対戦した投手に関しては、そのときの状況も含めて、ストレートの球質、球種、その他の特徴を徹底して記憶するように心掛けています。

信念は必要だし大切だと思いますが、ひとつのことに固執し過ぎるのはよくない。グラウンド内のことに限らず、できる限り思い込みを排除し、常に新しいものを吸収したり、考え方を修正したりする柔軟性はもっていたいと思っています。

個人よりチームの勝利を

ある選手が「4打数ノーヒットでもチームが勝てばいいとは思わない。僕だったら4打数ノーヒットでチームが勝つより、極端な話、チームが負けても4打数4安打の方が嬉しい。僕らはプロ。結果が出なければクビですから」と言ったそうです。

言いたいことは分かりますし、そりゃ、打てないよりも打てた方が嬉しいに決まっています。しかし、野球は個人競技ではありません。チームスポーツです。個人個人が力を発揮すべきなのは当然ですが、チームスポーツである以上、最終的な目標はチームの勝利ではないでしょうか。

僕なら、4打数ノーヒットでもチームが勝つ方を選びますし、4安打してもチームが負ければ悔しい。もちろん、チームの勝利を目指したから無安打でよいとは考えません。チームの勝利を、打てなかった言い訳にはしない。

僕は、チームの勝利のために自分ができることは何かを常に優先して考えます。チームの一員としての最終目標は、あくまでも勝つこと。それは強いチームの選手だろうと、負けが込んでいるチームの選手だろうと、一緒でしょう。

僕がなかなか勝てないチームにいたとしても、この考え方は変わらないと思います。チームの負けが込み、仮に優勝争いの圏外にいても、本塁打ばかりを狙うようなことはしません。実際問題として、本塁打を狙えば打てる確率が高く、それがチームが勝つための最善の策なら狙いますが、そうでない限りは、チームの勝利に最も貢献する確率の高い打撃を心掛けます。

例えば、ここは最低でも外野フライを打とうと考えて打席に入り、たまたま高めの甘い球がきて本塁打になった場合でも、自分のスタンスは、あくまで外野フライを打つことなのです。

2005年、ヤンキースと交わしていた3年契約が切れる年のキャンプで、知り合いの記者に聞かれました。ヤンキースというスター選手揃いの常勝チームにいるより、弱いチームを自分の力で強くしようと思うことはないのか、と。

これまで星稜高校、巨人、そしてヤンキースでプレーしてきましたが、たとえ自分が活躍して試合に勝ったときも、自分の力で勝った、と思ったことはありません。本当に、そんなふうには考えないのです。ですから、この記者がいうように、自分の力でチームを強くしたい、などとは思いません。

チームの勝利のために自分がすべきことを考えて打席に入ることが、結果として、自分の成績にもプラスに作用している。これがすべてです。

2005年のシーズン、ヤンキースとレッドソックスの優勝争いは、最後までもつれました。僕がニューヨークに来てからの3年間で、最も終盤まで気が抜けないシーズンでした。

そしてこの年、僕は大リーグに来てから初の3割をマークしました。相手投手に慣れてきたということもありますが、緊迫した舞台でチームの勝利を目指し、最後まで無我夢中でバットを振った結果が、この数字につながったという気がするのです。

確かに、「僕らはプロ。結果が出なければクビ」です。結果を出すことが、何よりも求められます。そして僕にとっては、結果を出すための何よりの近道が、チーム最優先の打撃をすることなのです。

批判大歓迎

ヤンキースでプレーをするようになってからのことです。僕のエラーで、チームが勝てる試合を落としたことがありました。試合後のロッカールームで、僕はグラブが型崩れしないよう、木槌《きづち》でポンポンと叩いてからケースにしまうのが習慣になっています。後で周りから聞いた話ですが、その日は、グラブを叩く手にいつも以上に力が入っていたそうです。肝心なところでミスをしてしまった自分に、よほど腹が立ったのだと思います。

僕は感情を表に出さないタイプだと、よく言われます。メディアの質問の中には、明らかに僕の気持ちを逆撫《さかな》でするのが目的だと思えるようなものが、まったくないとはいいません。正直に言えば、カチンとくることもあります。

でも、記者の人たちも、仕事としてそういった質問をぶつけてくるわけで、個人的に僕が憎たらしいからというわけではないでしょう。それだったら、どんな質問に対しても真摯《しんし》に答えよう、と思っています。僕に質問をするのが記者の仕事のひとつであるのと同様に、記者の質問にきちんと答えるのも僕の仕事のひとつなのだと。

僕が答えたことが、活字や映像となって、ファンの方たちに届きます。メディアは、僕たちとファンの方たちとのパイプ役でもあります。風通しはよくしていた方が、僕にとっても言いたいことが伝わるし、彼らも仕事がしやすい。お互いにとって、プラスじゃないかと思うのです。

風通しをよくするというのは、なれ合いの状態を指しているのではありません。明らかな嘘や事実誤認は別ですが、結果が出なくて批判されるのは一向に構いません。結果がすべての世界で、中でも最も刺激のあるニューヨーク・ヤンキースでプレーすることを自分で選んだわけですから。「ゴロ王」という見出しで批判されても、オーナーのコメントを使ってなじられても、結果を出せない以上は仕方がありません。

取材する側とされる側の議論やケンカは、必ずしも悪いことではないと思っています。自分が正しいと思うことは最後まで通すべきだし、意見の食い違いがあれば、ときに諍《いさか》いが生じるかもしれません。それだったらお互い、納得がいくまで徹底的に話し合ってもよいと思います。風通しをよくしたいというのは、そういう意味です。

「怒る」のでなく「叱る」

イチローさんは以前、選手も記者もお互いが切磋《せっさ》琢磨《たくま》し合うべきだと話していました。僕も、そうあるのが理想だと思います。しかし、お互いを高めていくその過程で、カチンときたときに怒りの感情を露わにすることは、怒る方にとっても、怒られる方にとっても、マイナスに作用するケースが多いと思うのです。頭にきて口を利かなくなるケースも同じでしょう。

「ピタゴラスの定理」で知られる古代ギリシャの数学者で哲学者のピタゴラスは、「怒りは無謀をもって始まり後悔をもって終わる」と話したそうです。感情は後先考えずにやってきます。腹を立ててつい大声を出したものの、結果として後悔することが多いということなのだと解釈しています。

教育現場では「怒る」と「叱る」は違う、生徒を叱るのはよいが、怒るのはよくない、と言われているそうです。シーズンオフになると訪れるニューヨーク周辺の日本人学校でも、先生たちは、生徒を怒るのではなく叱ることが大切だと話していました。

どちらも、他人の言動などを戒めるときに使う言葉ですが、その際に、言葉に感情を込めて「怒る」のはよくないと先生はおっしゃいます。その生徒の言動と、それによって自分がかっとなったこととは別の問題であり、戒めるべきは、あくまでも生徒たちの間違った言動なのだと。「罪を憎んで人を憎まず」という言葉がありますが、なるほどと思いました。

感情を表に出す、怒鳴るにしても、やり方があると思うのです。

若い記者が最近、会社でデスクによく怒鳴られるとこぼしていました。自分は確かに仕事ができないかもしれないけど、なにも人が大勢いる前で怒鳴り散らすことはないだろう。人前で延々と怒鳴られるくらいなら、トイレに連れて行かれてぶん殴られた方がよほどすっきりするし、こたえるのに、そのデスクに対しては恨みと憎しみしか残らないというのです。

そのデスクは、怒鳴ることで記者の反骨心をあおろうとしたのかもしれません。怒られて悔しいと感じれば、なにくそ、次は怒られないようにしようと必死で頑張る。そう期待して怒鳴ったのかもしれませんが、怒鳴られた方は、そうは受け取らなかった。仮にデスクがそういう意図を持っていたとしても、結果的に意味がなかったわけです。

仕事のミスを反省し、二度と同じ間違いはするまいと思うどころか、むしろ大勢の前で恥をかかされた恨みや憎しみだけが残ってしまった。相手がたとえ若い記者であろうと、デスクが敬意をもって接し、もう少し配慮をしていれば、事態は変わっていたかもしれません。

「トイレに連れて行ってぶん殴る」のが「叱る」なら、「みんなのいる前で延々と大声を張り上げる」のは「怒る」と言えるでしょう。いずれにしろ、双方にとってプラスにはならず、しこりばかりが残ってしまえば、イチローさんの言うように「切磋琢磨し合う」ことだってできなくなってしまいます。

わが人生の師たち

星稜高校の山下監督は、厳しい方でした。父には「松井は叱りづらい選手だ」と話していたそうで、だからミーティングでは、僕の横にいる選手に向かって、僕にも関係することを怒鳴り散らすのです。それが、僕には辛かった。そういう叱り方が、おそらく僕には最もこたえると思っていたからこそ、そうされたのでしょう。

山下監督は、野球はもちろん、それ以上に人間としてどうあるべきか、男としてどうあるべきか、学生らしさとはなんだ、といったことをしっかり教えてくれました。将来、社会に出ても恥ずかしくない人間を育てようという意図があったのだと思います。

2006年、山下監督がフロリダ州タンパのスプリングトレーニングにいらしたときのことです。報道陣も交えて山下監督と食事をする機会があり、僕が締めの挨拶をすることになりました。

山下監督の前で話をするのは、いまでも、ものすごく緊張します。会がお開きとなり、監督が帰られた後、思わず肩の力が抜けてしまいました。報道陣の方にも、本当にぐったりしていたと笑われました。人間らしさや男らしさを説いてくださった山下監督の前で無様《ぶざま》な挨拶はできない、という意識が自然と働いていたのでしょう。

プロ入り後は、長嶋監督が巨人の主力選手とはどうあるべきか、ことあるごとにアドバイスしてくれました。また、様々な場所で、ほとんど毎日マンツーマンの素振りに付き合っていただいたのは、既に述べてきた通りです。

しかし、それが原因で他の選手から嫉妬されたようなことは、おそらくなかったと思います。言動に関するアドバイスやマンツーマンの素振りは、ほぼ二人しかいないところでのものでしたから。監督は僕に、そして他の選手に対して、配慮してくださったのだろうと受け止めています。

師と弟子の間柄とよく言われますし、もちろん師なのですが、どちらかといえば「親父」に近い感じでしょうか。野球の中での父親みたいな存在です。山下監督と比べると、僕が大人になってから接したせいもあるのかもしれませんが、人間臭いところもたくさん見ています。

初めてご自宅に伺った日のことです。素振りをするために地下室へ行くと、数多くのトロフィーや賞状が整然と並べられていました。さすが往年の名選手だと思いながら姿勢を正して見ていくと……それは全部、息子の一茂さんのものでした。監督がもらったものは、隅のほうに追いやられていました。いくら名選手といえども、普段は子供がかわいくてたまらない普通の父親であると分かり、思わずくすっと笑ってしまったことを覚えています。

こうして僕は、何人もの恩師に支えられ、助言を受けながら野球選手としてやってこられました。皆さまのお陰で、いまの自分があります。そして、それ以前の基本的な部分は、両親の影響を大きく受けていると思います。

父は僕を「秀さん」と呼びます。自分の子供に対して、愛情だけでなく、ひとりの人間として敬意をもって接してくれていました。

どちらかといえば「放任主義」だったと思います。親であれば、子供に色々と言いたいものです。けれども僕は、常に「自分の好きな道を選んでよいのだよ」と言われてきました。大リーグ行きにしても、「面白いんじゃないか」としか言いませんでした。そして僕が決めた結論は、どんなことであろうと尊重してくれました。

もちろん、人に迷惑を掛けてはいけないとか、挨拶は基本である、といった最低限のことは教えてくれたし、諭されたこともあります。それでも、自分が親から信用されているのだということは、常に感じていました。

そして、僕が決めたことは後押しをしてくれ、辛く、苦しいだろうというときには様々な言葉で励ましてくれました。何度も紹介した「人間万事塞翁が馬」も、父が教えてくれた言葉です。

母から言われた言葉で印象に残っているのは、「竹は節があればこそまっすぐに成長する」でしょうか。１９９８年のシーズン、32打席ヒットが出なかったときに、母から「いまは竹にたとえると節の時期です。竹は節があればこそ、次はまっすぐに成長するのです」と書かれたＦＡＸが自宅に届きました。

物事がうまくいかないときや落ち込んだときほど、自分のスタンスや考え方を崩さず、事態が悪化しないように冷静になる必要がある。そうすれば、物事がいい方向にいくだろう――。母からは、精神的に辛かったときに掛けてもらった言葉が多かったような気がします。

母はおっちょこちょいなところもあるけれど、そこがかわいいところなのでしょう。

常に大きな愛を持って、見守ってくれているという感じです。子供の頃から、父親より母親と接している時間が長いから、どんなことでも言いやすいのかもしれません。父親とは男同士、照れみたいなものもありますしね。母は、僕の言うことはいつでも黙って聞いてくれていたように思います。そして父親と同じように、僕の意思を尊重してくれました。

「放任主義」で育てられたおかげで、僕は子供の頃から、色々なことを自分で考える癖がついたような気がします。人からあれこれ言われて決めるのは好きではない、というもともとの性格もありますが、自分で決めて結論を出すために、嫌でも考えなければならなかったのです。自分で決めたのだから、生じた結果に対する責任も負う。そのスタンスは、両親によって育まれたと思います。

大リーグ挑戦を決断したときも、自分の責任のもとに意思を貫きました。ジャイアンツの4番バッターといったら、ある意味、頂点とも言えます。その立場を捨てて、先の保証がまったくない未知の世界に飛び込んでいくことにしました。

ジャイアンツ球団の人たち、ファンの人たちの思いはよく分かりましたが、今回は自分の意思を貫き通させて欲しいという気持ちでした。そう決断したことに対する責任は自分で取るつもりだし、だからこそ命をかけて頑張るという気にもなったのです。そんな自分をここまで育ててくれた両親には、感謝の気持ちでいっぱいです。

第6章　すべては野球のために

真夏のタンパで

グラウンドでの体感温度は、おそらく50度近かったのではないでしょうか。灼熱《しゃくねつ》の太陽が照りつけるマイナーコンプレックス（ヤンキースの育成施設）で汗を流し、練習が終わると行きつけのベトナム料理店へ。そこで遅い昼食を取ってから、宿舎のホテルで個人トレーナーとマンツーマンのトレーニング……。

2006年8月、僕はキャンプ地であるフロリダ州タンパにいました。左手首のリハビリをするためです。

メキシコ湾が見渡せるホテルの部屋には、夕日が差し込んできます。濃いモスグリーンの海の中に真っ赤な太陽が沈んでいく。太陽がとてつもなく大きいということも、水平線に沈むときは意外と早い速度で動くように見えることも、今回のタンパで知りました。

部屋でのトレーニングが一段落してからシャワーを浴びる。夕方、太陽がメキシコ湾に沈むまでの数時間を、僕は読書に充てました。ボーズの携帯用スピーカーからモーツァルトやブラームスが流れてくる中、じっくりと本を読む。夕方のホテルの部屋は、最高の読書空間でした。体がポカポカして、気持ちよいのです。窓を開ければ、潮のにおいが鼻に染みます。

怪我をしてからしばらくの間、僕はバットを振るどころか、走ったり、体全体を使ったりするトレーニングすら許されませんでした。野球のない生活に慣れてしまい、まずいのではないかと思うこともありましたが、実際に体を動かせなくなったことで、改めて健康でプレーし続けられるありがたみを痛切に感じました。

そしてタンパに来て、グラウンドで体を動かしているときが、自分にとって一番楽しくて、充実している時間なのだと再認識しました。骨折してしばらくは、考えたことを試したくてもできませんでした。だからこそ、グラウンドに立てる喜びをよけいに強く感じたのです。グラウンドでボールを追い掛けている瞬間は、本当に何もかもすべて忘れて野球に集中できます。

怪我をして、僕にとって野球とはなんだろうとも考えました。大リーグを経験したことで野球に対する考え方が変わったかといえば、そんなことはありません。「野球は自分のいちばん好きなもの」という以外に、うまく表現できないのは変わらないのです。もし好きな野球ができなくなったとしたら……。指導者になるなど、野球に関わっていくことはできるでしょう。でも、今はそんなことは考えません。

現時点で僕は、プロのアスリートです。プロである以上、1日24時間、ちょっとでも頭から野球を切り離してしまうことがあってはいけないと思うのです。好きなポップスやクラシックを聴いて気分転換をしているときも、本を読んでいるときも、気のおけない仲間と騒いでいるときも……。知り合いの編集者は「ガールフレンドと遊んでいるときもプラン（企画）を考えなさい」と編集長にいわれるそうですが、プロというのは本来、そうあるべきものだと思います。

「恋の達人」にはなれない

そうはいっても、野球のことだけを考えているわけにもいかないのが現実です。野球はチームスポーツだし、同じチームでプレーする選手たち、つまり職場の同僚との付き合いもあります。サラリーマンの方が、仲間と一杯やりながら職場や上司のこと、家族や私生活のことなどを話すように、僕も他の選手たちと、野球以外の様々な話をします。日本に帰ってくれば、高校時代や巨人時代の知人と、わいわいやりながらお酒を飲むこともあります。そういった仲間たちとのコミュニケーションは必要だし、楽しみな時間です。

人は一人で生きているわけではありませんし、生きている以上はしがらみも出てきます。野球に集中しようと思っても、グラウンド以外のことで様々な雑音が入ってくることもあります。周囲との人間関係がうまくいかなくなって調整しなきゃいけないとか、そのために時間を割かなきゃいけないというケースなど、だれにでもあると思います。夏目漱石が『草枕』で「智に働けば角が立つ。情に棹《さお》させば流される。意地を通せば窮屈だ」と書いていたように、「兎角《とかく》に人の世は住みにくい」ものかもしれません。

ただ、そういったグラウンド以外のことに時間を費やしているときでも、自分がプロのアスリートであるということは絶対に忘れてはいけないと思うのです。

仲間と騒げば気分転換になるし、そういう時間を過ごすのは、自分にとっても有意義で必要なことです。ただ、翌日のことを考えてお酒はほどほどにしておくとか、途中からお茶にするとか、角が立たず、流されず、かといって窮屈に感じないやり方というのがあると思うのです。

しがらみは自分自身の中にも生じます。野球に集中したいのに、様々な雑音やわずらわしいことがまとわりついてきて、ときには辛く、耐え難いこともあります。私生活上の悩みや、恋愛問題などにしてもそうです。

僕も30過ぎの男ですから、恋愛も失恋も経験してきましたし、結婚願望もないわけではありません。元気な人、相手を思いやる心を持っている人、自分と同じ価値観をもっている人、遠征が多いのでひとりでいることに耐えられる人、食べることが好きなので、できれば料理の上手な人などが理想でしょうか。そのときがきたら自分からみなさんにはきちんと話をするつもりですが、恋愛の過程では、必ずしもうまくいくことばかりではありません。

そんなとき僕は、恋愛においてもいつものように、自分で解決できることとできないことを分けて考えるようにしています。つまり、自分が考えたり何かをしたりすることで解決できる可能性があるのかどうかを区別するのです。

なんとかなるものであれば、解決しようと知恵も絞りますが、自分の力でどうにもならないものについては、あれこれ考えません。そうしたことをくよくよ考えるのは時間と労力の無駄だし、精神的にもあまりよいことではないと思うのです。恋愛の達人には、まだまだ甘いといわれそうですが。

自分のプレー以外の野球の話でもそうです。例えば、ヤンキースがトレードで僕とポジションの重なる大物選手を獲得するという噂が出たとします。報道陣には、どう思うか聞かれるでしょう。でも、他の選手のトレードなんて、僕があれこれ考えてどうにかなる問題ではありません。だったら、トレードのことは考えない。

仮にその選手がヤンキースに入ってきたらポジションはどうなるのか、自分の左翼と重なるのか、など自分が考えたところで、何かが変わるわけではないのですから。考えないようにしているので、不安じゃないかと聞かれても、不安でない、としか答えられません。

自分がいまやれることは、どんな状況であろうと自分の力を100％出すことだけ。仮にその選手が実際、トレードでヤンキースに入ってきたとしても、どのポジションを守るのか、これまでそのポジションを守っていた選手とどちらをレギュラーとして使うのかは、ブライアン・キャッシュマンGMやトーリ監督が決めることです。僕があれこれ考えても、どうにかなるわけではない。だったらいま、自分でやれることを全力でやろうというのが僕の基本的なスタンスです。

大リーガーの地位と意識

2006年オフ、レッドソックスがポスティングシステムで西武の松坂大輔投手を落札した60億円という金額が、日本でも話題になりました。60億円はあくまで西武に入った金額なのであって、松坂投手が手にしたわけではありませんが、その金額の大きさが話題になりました。

ちょうど1年前、僕がヤンキースと4年62億円で再契約したときも、すごい金額だよね、とよく言われたものです。それが高いか安いかというのは、他の人たちや周囲が判断することであって、僕には分かりません。ただ、すごい金額だなという印象は、僕自身の中にもあります。

ヤンキースがそれだけ自分を評価してくれたわけですから、それなりの結果は当然のように求められます。チームの期待に応えられる結果を残さなければならないという責任も感じています。しかし、それがプレッシャーになっているとは思いません。

待遇という面では、移動のスケールも日本とはケタ違いです。

2005年の5月下旬、ヤンキースは同じニューヨークに本拠地を置くメッツと対戦しました。両チームの球場に地下鉄で行き来できることから「サブウェー・シリーズ」と呼ばれる人気カードです。

第3戦は日曜日のデーゲーム。メッツの本拠地シェイスタジアムで行われたこの試合で、僕は同点に追い付く2点適時打と逆転のホームイン。試合後、日米のメディアに囲まれたため、チームバスには一足先に球場を出発してもらい、広岡広報の運転する車でヤンキースタジアムに向かいました。その日はダブルヘッダーで、夜には第4戦があったのです。

日曜の夕方でハイウェーは大渋滞。普通に行ったら1時間はかかったと思うのですが、20分ほどでヤンキースタジアムに到着しました。ヤンキースのチームバスは、ニューヨーク市内を移動するとき、白バイに先導されます。球場を出てすぐチームバスに追い付くと、バスの後方についた白バイがすぐ車中にいる僕に気付いてくれました。白バイに促されるようにして、僕の乗った車はチームバスの前へ。白バイ3台、僕の乗った車、チームバス、白バイ2台の順で混雑したハイウェーをかきわけるようにして、ブロンクスへ移動しました。

ボストンでも、選手の乗ったバスは白バイに先導されながら移動します。ボストンは球場が街中にあるうえ、道が狭く、複雑に入り組んでいます。試合後は比較的渋滞しやすいのですが、ローガン空港までの移動は実にスムーズです。

深夜の移動でもチームバスは空港内の飛行機のタラップに横付けされ、手荷物検査をしてすぐに搭乗できる。一般の人たちが空港内で強いられる煩雑な手続きはする必要がありません。

ついでにいえば、深夜、遠征から戻ったとき、チームバスが自宅まで送ってくれるケースもあります。

2006年はオープン戦の終盤にアリゾナ州のフェニックスに移動し、そのまま西海岸で開幕を迎えました。そして4月9日のロサンゼルス・エンゼルス戦終了後、チャーター機でニューヨークに戻ってきたのは、日付も変わった深夜2時でした。ヤンキースが選手と首脳陣に用意したバスは3台。そのうちの1台はヤンキースタジアム、あとの2台はマンハッタンへ向かいます。僕はマンハッタン行きの1台に乗りました。バスはラガーディア空港からクイーンズボロ橋を渡ってマンハッタン島へ。北から順番に選手を下ろしていき、比較的南にマンションのある僕は、デーモンの次、いちばん最後に自宅前でバスを降りました。

ニューヨークやボストンで白バイに先導してもらって移動できるのは、大リーガーがそれだけ本拠地の市民に認知されているからであって、フランチャイズ制が根付いている証でもあります。ドア・ツー・ドアといわれる移動も、大リーガーにそれなりのステータスが認められているからでしょう。

大リーグではコーチの人たちも、選手に敬意をもって接します。選手のフォームを勝手に変えたり、アドバイスを押し付けたりはしません。

けれども、僕も含めて、少なくともヤンキースの選手は、そういった恵まれた待遇が当然だとは思っていませんし、それに甘えることはありません。ケタ外れの尊敬や待遇を受ける一方で、それなりのパフォーマンスを見せられなくなったときには、本当に容赦がない。むしろ多大な敬意や待遇を受けていればいるほど期待も大きいわけで、それがダメだったときの反動、結果が出なかったときの扱いはシビアです。これまでヤンキースに4年いただけで、それは痛切に感じます。

トレード通告を受け、ナインと挨拶をする間もなく新天地へと向かった数々の選手たち。いなくなった選手のロッカーはすぐに、まるでその選手がいなかったかのようにきれいに整頓され、代わって新たに入ってきた選手の名前を刻んだプレートが貼られます。移籍でチームを出ることが決まった選手と、思い出話や、きちんとした挨拶を交わす暇なんてほとんどありません。

結果が出なかったときは、極端な言い方をすればお払い箱です。年俸ダウンにも制限はありません。それこそ、10億円の選手が翌年は一文無し、というケースだってあるのです。

マスコミやファンも、結果の出せない選手に対しては厳しい。特にニューヨークはそうです。僕も1年目、マスコミやオーナーから叱咤されましたが、アレックス・ロドリゲスなどに対しては本当に容赦ありません。2006年のA・ロッドは2割9分、35本塁打、121打点。主力打者としての数字は残していますが、それでも「チャンスに打てない」「勝負の場面で弱い」と連日のようにマスコミにたたかれたし、ヤンキースタジアムでは、たとえ勝っている試合でもブーイングを浴びていました。

けれどもそれは、ニューヨークでプレーしている以上、仕方がないと思うのです。それだけ期待されている選手なのですから、その分、多くのものを求められるのはある意味、当然です。僕が1年目にバッシングされたのも、オーナーやファンが期待するような結果を出すことができなかったわけですから、仕方がなかったのです。

大リーグのコーチがフォーム改造を強いたりしないことも、僕は恵まれているとは解釈しません。大人扱いされているとは言えるかもしれませんが、結果が出なかったときの責任は、すべて選手に降りかかってきます。周囲の期待通りの働きができなかった場合に、非難されるのはコーチでなく選手自身なのです。その代わり、こちらからアドバイスを求めたときには、的確でかつ適切な助言をするために引き出しは豊富に用意してくれているということです。

この、「ハイリスク・ハイリターン」とも言える大リーグの待遇を考えると、それが日本と比べて恵まれている、といった議論にはならないという気がします。

2006年の開幕前、僕はWBC（ワールド・ベースボール・クラシック）を辞退しました。自分がどうすべきなのか本当に悩みましたが、出ないことを決意した最大の理由は、キャンプやオープン戦がある大事な時期に、これから1年間共に戦う仲間と同じ時間を過ごせない、ということでした。WBCの決勝は3月21日です。それからチームに合流すると、開幕の4月3日まで2週間足らずしかありません。ジーターやA・ロッドやバーニー・ウィリアムズたちはキャンプ、オープン戦の途中で抜けましたが、彼らはそれまでタンパで練習していました。

もし、僕がオフには日本にいて、2月途中からWBCに1カ月間参加していたら、3月下旬までずっとヤンキースにいられないことになります。それが、僕にはできませんでした。

辞退することは他の選手に相談することもなく、自分自身で決めました。ヤンキースの一員としてチームが勝つために自分は何ができるのか、どうするべきなのか。そう考えたとき、開幕前の時期をチームメイトと過ごすことは、僕にとってすごく大切なことだと思ったのです。ヤンキースと新たに大きな契約を結んだことで、より責任を感じていたこともあります。この判断に対する批判は、それは自分で責任を持って受けるしかありません。

選手の意識に関しては、日本とアメリカとで、そんなに変わらないと思います。細かいチームプレーや連係プレーに関して言えば、むしろ日本の方が上だなと感じることもあります。

ある評論家の方に聞いた話です。大リーグのチームがキャンプで、ランダウンプレーという、塁間の走者を殺す練習をしたときのことです。三塁と本塁に挟まれた走者を、野手は本塁に追い込んでいってタッチアウトにした。その評論家は、首脳陣のひとりに、走者は少しでも塁の若い方、つまり本塁より三塁に追い込んでいくのがセオリーではないのかと尋ねたそうです。するとそのコーチは「そんな余計なことを考えたらミスをしてしまう」と答えたといいますから、日本とは考え方が違います。

大リーグでは、野球の用具を自分で手入れしないし、グラブやバットをグラウンドに平気で放り投げる選手も珍しくありません。その是非はともかく、僕は自分で使うバットやグラブに感謝し、大切に扱うのが当たり前という環境で育ったことを誇りに思っています。

ただ、基本的に野球に取り組む姿勢には、日本とアメリカでそれほど差がないと思います。日米の違いというよりも、選手個人がどれだけ野球のことを考えているかではないでしょうか。

例えばジーターは、ヤンキースのキャンプ地であるフロリダ州のタンパに自宅があって、僕も訪ねたことがあります。彼がタンパに家を持っているのは、オフの間もシーズン中と変わりなく、継続してトレーニングができるだけの球団の施設が近くにあるから、だそうです。オフの間もマイナーの施設やジムを使ってトレーニングを欠かさず、体を緩めない。だからこそ、キャンプインしたときから、ハードなプレーをすることができるのでしょう。

日本の選手だってやる人はやっている。ゴルフをした後にトレーニングジムで汗を流す人もいます。そういった野球に取り組む姿勢に、日米の差はあまり感じません。

『オールド・ルーキー』の感動

元タンパベイ・デビルレイズの投手ジム・モリスが書いた『オールド・ルーキー』という本があります。映画化され、日本でも公開されました。

モリスは19歳のときにドラフトで指名され、プロ入りしましたが、度重なる故障で現役を引退。働きながら12年かけて大学を卒業し、テキサスの高校教師になります。そして野球部のコーチを務め、チームが勝ち進んだら自分はプロ球団の入団テストを受けると生徒に約束します。35歳で3人の子持ちの高校教師がデビルレイズのテストに合格、回り道をしながら大リーガーへの夢を実現させたノンフィクションです。

2006年に引退したヤンキースの捕手ジョン・フラハーティは「モリスの球を受けたことがある」と話していたし、登場人物に知っている人たちが多く、楽しく読めました。中でも僕が感銘を受けたのは、若くして故障したモリスが、プロとして続けることを断念し、自分のやり方で野球を続けていこうと考えたことです。これはある意味で、「プラス思考」だと思うのです。

故障しがちな自分の体や運命を受け入れるのは辛い。「自分は大リーグで投げられる体ではない」ことを理解しなければならないのですから。これから先、そういった負の要素を背負ったまま生きていくなかで、時にやけを起こしたり、自暴自棄になったりしたこともあるかもしれません。

自分はまだまだプロの世界で投げ続けられるはずだと、それこそボロボロになるまで挑戦し続ける道もあったはずです。でもモリスは、自分の体や運命を享受し、自分なりのやり方で野球を続けた。そうして気持ちに踏ん切りをつけることで視点も変わり、精神的な余裕が生まれたことが、これまで以上のパフォーマンスにつながったのだと思います。

知人に白血病の方がいます。発見が早かったこともあり、抗癌剤による化学療法で快方に向かっていますが、いつまた再発するか分からず、不安で眠れない日々が続いたそうです。でも、くるかもしれない病魔を恐れ、おののいていたあるとき、その方は思ったそうです。自分が生きている限り、再発の不安はなくならない。不安と病魔は夢の中までも追い掛けてくる。それだったら、いっそ白血病という病気を背負い、死ぬまで病気と共に生きていこうと決心したというのです。自分は白血病患者なのだから、再発の危険の伴うことはできる限り避け、日頃から摂生はする。そうした努力はするけれど、白血病という病を体から追い出そう、目に見えない病魔と闘おうとするのではなく、病が機嫌を悪くして顔を出さないよう静かに、一緒に生きていこうと考えたそうです。

そう決心してもなかなか割り切れるものではないでしょうし、恐怖感にさいなまれることもあるに違いありません。それでも、あえて運命を受け入れ、病とともに生きていこうと視点を変えることが「プラス思考」だと思うのです。

松井秀喜でいること

度重なる故障や手術で大リーグへの道を断念したモリスの絶望感、治療が困難な病を患った知人の恐怖感に比べたらちっぽけなことかもしれませんが、骨折という怪我をして戦列を離れたことは、僕にとってこれまでにない経験でした。

4カ月間もプレーをすることができないという事実と向き合い、怪我をしたことを自分の中で消化しなければなりませんでした。

こういう状況でこんなプレーをしたからこういう怪我をしたのだと振り返り、毎日プレーしていれば不慮の事故が起こる可能性があるということを、改めて感じていました。また、自分がいなくてもヤンキースは勝ち続けたわけで、自分の代わりはいくらでもいるのだという現実も、真摯《しんし》に受け止める必要がありました。

僕とシェフィールドが怪我で戦列を離れてから、ヤンキースはフィリーズからボビー・アブレイユ選手をトレードで獲得しました。アブレイユは走攻守と三拍子そろった素晴らしい外野手です。彼が右翼を守り、僕のいた左翼には、生え抜きの若手であるメルキー・カブレラ外野手が入って、好守でチームのピンチを何度も救いました。

僕はヤンキースを本当に素晴らしいチームだと思っています。常に勝利を目指しているし、そのための努力を大リーグで最もしている球団です。

外野手二人が怪我で戦列を離れたわけですから、トレードでアブレイユを獲得したのも、勝つためには当然のことだと思うのです。定位置を失う危機ではないかと思われるかもしれませんが、結果が出なければファンはもちろん、オーナーからも叱咤される厳しい環境は自らの意思で選択しました。どちらかといえばノンビリ屋の自分は、刺激のあるシビアな環境に身を置いた方が、よりよいパフォーマンスができると思うからこそヤンキースにいるのです。

治療中、担当医のローゼンワッサー医師から、骨折した箇所は以前と比べて強くなると言われました。つまり左手首は、これまで以上の負荷に耐えられるということでしょう。今後、まったく同じシチュエーションがあったら同じように飛び込むかと聞かれて、迷いなくそうすると答えました。左手首は以前より怪我をしにくくなるかもしれないし、より負荷を掛けられるならば、トレーニング次第で、骨折する以前より鍛えられるということにもなる。だとすれば、骨折をしたがために、打球の飛距離が伸びる可能性だってあるわけです。

左手にはまだ、骨折をした直後に埋め込まれた7本の太いボルトが残っています。手術の傷跡もあります。骨折が完全に直ったとしても、ボルトはしばらく、外すつもりはありません。入れたままでもプレーに支障はないそうですし、外すにはまた手術を受けなければなりません。それによって時間を無駄にしたくないこともありますが、骨折して長い間、バットを振ることすらできなかったという事実をもう少し、自分の中でじっくり整理したいと思うのです。

骨折をしばらく背負って生きていく、というと大げさですが、『オールド・ルーキー』のモリスが左肩や左肘をいたわったように、左手首をいたわりながら、あくまでもプラス思考で生きていこう……。モリスが自分の夢を実現させたタンパの海を見て、そんなふうに思ったのです。

アメリカで生活するようになって、僕はコーヒーを飲むようになりました。自分で豆を挽《ひ》いて、ペーパーフィルターを使っておとす。上からお湯を注ぐと、挽いた豆がもこもこと盛り上がってくるのですが、この山を最後まで崩さない。そうやっていれたコーヒーは本当においしい。一口飲んだ瞬間、意識が覚醒するというか、朝、そのコーヒーを飲むと、さあ、きょうも頑張るぞっていう気になります。どちらかといえばキリマンジェロ系よりモカ系が好みです。日本から知人が送ってくれる豆は特に気に入っていて、タンパにも持っていきました。

コーヒーを飲んでいて、松井秀喜って何なんだろうと思うときもあります。実際のところ、本当の松井秀喜というのが何なのか、自分でもよく分かっていないんです。自分でも色々な側面があると思っています。松井秀喜でいることで、自分の感情のままに動けないこともたくさんある。松井秀喜でいることに大変だなあと思うことも正直、結構あります。楽しい時ももちろんありますが、窮屈な思いもしなきゃいけない。

例えば夢は何かと聞かれても、パッと答えられません。もちろんワールドチャンピオンになりたいし、もっとよい選手になりたい。でも、それが自分の夢なのかなと考えるとよく分かりません。夢というか、自分の使命みたいになってしまっている気もします。ただ、松井秀喜をやめたくなったことはありません。窮屈なのは仕方がないことだし、なんでも受け入れようと思えば、たいていのことは我慢できますから。

夢というのとは違いますが、最近、カメラに興味を持ち始めました。タンパの海を見てこの景色をそのまま保存できたらどんなに素晴らしいだろうと思ったのです。自分で気に入った景色やスナップを撮影してみたい。タンパではそんなことも考えました。携帯用ではなく、ちゃんとしたデジカメを買ってみようかと考えています。

グラウンド外でも色々なことにチャレンジしながら、もちろん野球は今以上にもっともっとうまくなりたい。2006年は怪我でシーズンのほとんどを棒に振ってしまいましたが、だからこそ色々なことを考える時間もありました。こうして、また新しくなった松井秀喜を、皆さんにお見せしていきたいと思います。

おわりに

こうして自分の考えを活字にしてみると、つくづく、僕という人間は「野球」というものに助けられているのだなと感じてなりません。

２００６年のシーズンを終えて帰国し、王貞治さんとお会いした際、「俺から野球をとったら、何も残らないよ。松井君もそうじゃないの」と仰《おっしゃ》っていました。確かに、その通りです。しかしそれは、裏を返せば、それだけ野球には、人を虜《とりこ》にする魅力があるということではないでしょうか。

野球の楽しさを教えてくれたのは、兄でした。子供の頃、兄に入れてもらった三角ベース。生まれて初めてバットでボールを打った感触は、今でも忘れられません。とても楽しかった。

そして、本格的に野球に打ち込み始めた中学、高校時代。物置小屋で文句も言わずに黙々とボールをトスしてくれたのが父です。僕が要求する量があまりにも多くなってからはトスマシンを購入してくれましたが、あの時の打ち込みが、今の僕の打撃の礎《いしずえ》になっていることは間違いありません。本当に感謝しています。

「自分の息子がプロ選手になる」ことが分かっていたならまだしも、当時は、ごく普通の野球少年でした。父が仕事の合間を縫って付き合ってくれた時間は、僕にとって、何ものにも変えられない至福の時でした。

また、そんな光景をずっと見守っていてくれた母。読者はご存じないでしょうが、実は陰で、松井家を支えているのは母だと思います。船に乗るときの〝舵取り役〟のような存在です。僕が困難に直面して迷い込んでいるときも、母の笑顔と存在が、太陽のように道を照らしてくれたように思います。

そしてこの本には、そんな家庭で育ち、野球が大好きな僕が、いっぱいに詰まっています。

出版にあたっては、新潮社出版企画部の笠井麻衣さんに大変お世話になりました。彼女の情熱なしには、この本の完成はなかったでしょう。
　また、僕の広報というより、巨人に入団して以来、ずっと陰で支えてくれている広岡勲さんには、感謝の言葉も見当たりません。この本を執筆する際にも、激務の中、鬼デスクをかって出てくれました。もう若くもないんだから、少しは健康にも注意してね。ありがとう。

２００７年２月

松井秀喜

松井秀喜　1974（昭和49）年石川県生まれ。星稜高校時代、甲子園に4度出場。93年に読売ジャイアンツ入団。2002年FA権を獲得しニューヨーク・ヤンキースと契約。右投げ左打ち、外野手。

Ⓢ新潮新書

201

不動心《ふどうしん》

著　者　松井秀喜《まついひでき》

2007年2月20日　発行
2009年11月20日　17刷

発行者　佐　藤　隆　信

発行所　株式会社新潮社

〒162-8711　東京都新宿区矢来町71番地
編集部(03)3266-5430　読者係(03)3266-5111
http://www.shinchosha.co.jp

印刷所　錦明印刷株式会社
製本所　錦明印刷株式会社
©Hideki Matsui 2007, Printed in Japan

乱丁・落丁本は、ご面倒ですが
小社読者係宛お送りください。
送料小社負担にてお取替えいたします。

ISBN978-4-10-610201-1　C0275

価格はカバーに表示してあります。

Ⓢ新潮新書

003 バカの壁 養老孟司

話が通じない相手との間には何があるのか。「共同体」「無意識」「脳」「身体」など多様な角度から考えると見えてくる、私たちを取り囲む「壁」とは——。

141 国家の品格 藤原正彦

アメリカ並の「普通の国」になってはいけない。日本固有の「情緒の文化」と武士道精神の大切さを再認識し、「孤高の日本」に愛と誇りを取り戻せ。誰も書けなかった画期的日本人論。

161 本気で言いたいことがある さだまさし

家族、子育て、平和、義、人情……。今この国は、どこかおかしくないだろうか？　時に辛口に、時にユーモラスに、しかしあくまで真摯に語り尽くした、日本と日本人への処方箋。

031 阪神タイガース 吉田義男

藤村富美男とプレーした思い出から、江夏の移籍問題、そして昭和60年の日本一、現在の今岡、矢野らを育てた裏話まで——。今だから語れるタイガースの真説。

028 審判は見た！ 織田淳太郎

宙を舞ったカツラ、激怒する観客の包囲網からの脱出劇、果ては監督・オーナーとの駆け引きまで。威厳と珍事の狭間で、審判が垣間見たプロ野球裏面史とは!?